Über dieses Buch Percy Adlon, der Münchner, hat seinen »Heimatfilm« gedreht. Nach den internationalen Erfolgen mit seinen ungewöhnlich stillen Kinofilmen *Celeste* (über Prousts Haushälterin) und *Fünf letzte Tage* (über Sophie Scholl) verfilmte er Annette Kolbs autobiographischen München-Roman *Die Schaukel.*
Im Mittelpunkt des Films steht Annette Kolb selbst als 15jähriges Mädchen »Mathias« mit ihrer krächzenden Stimme und ihrem Dragonerschritt, aus deren Augen die Geschichte ihres chaotisch-poetischen Elternhauses erzählt wird.
Unter einem ständig wechselnden Münchner Himmel schwingt die Schaukel auf und nieder – Krach und Gelächter, Zärtlichkeit und Bedrohung, Depressionen und Glücksgefühle.
Percy Adlon hat den Roman nicht wörtlich verfilmt: »Die Schaukel ist ein Synonym für das Leben. Münchner Leben unter der Herrschaft des Föhns, der jähzornig und einzelgängerisch, leutselig, stur und unberechenbar macht und ganz und gar individualistisch. Es ist, als ob ich die Familie Lautenschlag gekannt hätte oder als ob das meine eigene Familie wäre. So schrieb ich mein Drehbuch wie aus meinen eigenen Erinnerungen.«

Über den Autor und Regisseur Percy Adlon wurde am 1. Juni 1935 in München geboren und studierte an der dortigen Universität Germanistik, Theaterwissenschaft und Kunstgeschichte. Er war kurze Zeit Schauspieler, von 1962 an Bearbeiter und Sprecher literarischer Sendereihen im Bayerischen Rundfunk. Als Filmemacher begann er 1970 mit einer Reihe von über fünfzig Doumentarfilmen.
Sein erster mit Schauspielern inszenierter Film *Der Vormund und sein Dichter* (1978) – über Robert Walser – fand große Beachtung. Danach begann Percy Adlon mit seinen Kinofilmen.

Percy Adlon

Die Schaukel

Ein Film nach dem Roman
von Annette Kolb

Auf und Nieder
einer deutsch-französischen Familie
in München vor hundert Jahren

Mit 80 Szenen- und Arbeitsfotos
von Hermann Schulz

Fischer
Taschenbuch
Verlag

Lektorat: Ingeborg Mues

Originalausgabe
Fischer Taschenbuch Verlag
Oktober 1983
Umschlagentwurf: Jan Buchholz/Reni Hinsch
Foto: Hermann Schulz
Fischer Taschenbuch Verlag GmbH, Frankfurt am Main

Lithografie: Industriedienst Reproduktion, Wiesbaden
Gesamtherstellung: Clausen und Bosse, Leck
Printed in Germany
1280-ISBN-3-596-23695-9

Inhalt

Der Drehbuchentwurf*

* Der Drehbuchentwurf wurde verfaßt und eingereicht für die Drehbuchförderung des bayerischen Filmförderungsprogramms.

Die junge Annette Kolb

Schaut, das ist Mathias, unsere Hauptfigur. Ihren wirklichen Namen wissen wir nicht. Zu ihrem Leidwesen hat sie nur schütteres Haar und eine zu große Nase. Ihre gescheiten Augen führen uns durch diese Geschichte – einen Münchner Winter, einen fulminant ausbrechenden Frühling, einen weichen Spätsommer in den Bergen und am Tegernsee und einen nassen November der verlorenen Illusionen.
In diesem Jahr heiraten die Nachbarinnen scharenweise, und ihre beiden schönen Schwestern werden angeschwärmt. Merkwürdig – ohne daß sie's will, muß Mathias immer dazustoßen, wenn ein Pärchen zärtlich wird, während sie anfängt zu spüren, daß sie für diese Sache nicht so recht geeignet ist.
Es ist Annette Kolb selbst, die sich, ihr Elternhaus und ihre Heimatstadt da porträtiert, die, wenn sie jemand mit »gnädige Frau« anredete, rasch dazwischenfuhr: »Fräulein, bittschön, Fräulein! Ich hab's net ghabt!«
Da brennt der Glaspalast! Und man hört die Stimme der Erzählerin, daß bei der Nachricht von diesem Brand ein paar Menschen – weit voneinander entfernt lebende Geschwister – ein und denselben Wunsch hatten: daß das etwas gespenstig aussehende Haus, das die Nummer 7 trug und am Glaspalast sozusagen lehnte, mitverbrannt sein möge. »Warum es denjenigen ein so unerträgliches Memento geworden war, die ihre Jugend darin verlebt hatten, gehört nur bedingt hierher. Wenn wir uns mit ihm befassen, geschieht es im Gegenteil der Heiterkeit, des unbändigen Gelächters wegen, welches dort Jahre hindurch immer wieder triumphierte.«

Vorweihnachtszeit.
Vor dem Anwesen Nr. 7, umweht von den Bäumen des alten Botanischen Gartens, wird ein Ungetüm von Tisch abgeladen. Einen radelnden Geldboten schmeißt's auf einer Eisplatte, und oben in der Wohnung der Lautenschlags bricht Gelächter aus, weil Vater Lautenschlag, in seiner Manie Geld zu sparen, mal wieder die

Petroleumlampe in der Diele gelöscht hat und Mathias der Länge nach hingekracht ist, der zu Hilfe eilende Vater gleich über sie. Madame Lautenschlag – »eine Hausfrau in Gottes Zorn« – bricht ihr schönes Klavierspiel ab (sie ist Preisträgerin des Pariser Konservatoriums und lernt ihren angeheirateten Namen nie richtig aussprechen), der 19jährige Otto, der immer nur von Geld und von Abenteuern spricht, kommt die Treppe heruntergerumpelt, die aparte Gervaise läßt ihr komödiantisches Talent los und spielt die ganze Szene gleich noch mal vor, natürlich nur, um den Beifall der schönen Hespera, ihrer 21jährigen Schwester, zu erlangen, die lächelnd dazugekommen ist. Ohne Hespera als stillem Mittelpunkt fühlen sich die anderen nicht wohl.
Zwei Fuhrleute tragen den fellbespannten Tisch herein. Ein Geschenk nichtzahlender Klienten. »Einwickeln und herschenken!!« Wem? »Dem Käslaib!« So hat Mathias den gefürchteten Hausarzt getauft, den Prof. Dr. von Zwinger.
Schauen wir hinüber ins bombastische Haus der »zugereisten«, der »lutherischen«, der »preußischen« von Zwingers. Es ist Zeit zum »five o'clock tea«. Mrs. von Zwinger stammt aus einer steinreichen englischen Familie. Der Käslaib findet den Tisch kolossal! Gehört sich auch so. Schließlich schickt er den an chronischem Geldmangel leidenden Lautenschlags nie eine Rechnung. Seine Frau ist eher schmächtig, er ein Hüne. Die fünf Töchter sind alle ihm nachgeschlagen. Da wickeln sie brav alle miteinander ihre Weihnachtsgeschenke ein.
Nur Candida – mit ihrem immer leicht geöffneten Kindermund – tanzt unzwingerisch aus der Reihe. Sie ist mit den Lautenschlagmädchen befreundet. Da kommt sie mit Mathias von der Schule. Mathias gibt sich stockbayerisch. Candida bekommt von ihr Nachhilfe: Es heißt nicht Blumenkohl, sondern Karfiol, nicht Tüte, sondern Stranitzen, nicht Mohrenkopf, sondern Indianerkrapfen. Mathias friert. Sie hält sich ganz schief. Sie hat bei einer Tandlerin ihren Wintermantel verkitscht, um eine Karte für das Gastspiel der Duse zu erstehen. Schaut, wie die größenwahnsinnigen Lautenschlagkinder im Hoftheater sitzen – in der 1. Reihe!
Daheim wird dem Vater Bericht erstattet. »Wer war da, und wer noch? So so, der Gischpel! Ach, der Kaschperl auch! Und wer noch?« Gervaise kann sie alle nachmachen. Sie verliert dabei einen Schuh. Hat zwei Mordsbollen im Strumpf. Wie sie lachen. Und sich gegenseitig ihre Löcher in den Strümpfen zeigen.
Wenn das die Konsistorialratswitwe Erlendicht sähe. Die arme Mme. Lautenschlag muß deren Töchter, Irmachen und Klärchen, am Klavier unterrichten. »Eine feste Burg ist unser Gott« singen die beiden

und recken die langen Hälse. Die brettldürre Erlendicht segelt in weitem Radmantel durch den Februarmatsch auf Mathias zu und packt sie mit ihren Wollhandschuhen hart am Kinn wegen einer bösen Äußerung über Luther, »das personifizierte mal occhio«. Sie zeigt auf den Matsch und Dreck, der sich überall schichtet: »Siehst du, Kleine, so hat es in eurer Religion ausgesehen, bis Luther kam und Ordnung und Sauberkeit schuf!« Dabei will Mathias doch nur ihre zwei Seelen in der Brust, ihre zwei Vaterländer, Bayern und Frankreich, vereinen. Und da ist halt Preußen im Weg – und das sind nun mal die Protestanten!

Ein Föhnsturm beutelt die Stadt, daß die Kutscher die Pferde nicht halten können und die weißblauen Fahnen vorm Glaspalast fast von den Masten gerissen werden. Denn morgen soll die große Blumenausstellung eröffnet werden.
Nachts sitzen die Lautenschlagkinder über dem Hundertjährigen Kalender. Wie wird das Wetter in den Vollmondnächten im September? Warum?
Und nun Musik! Zaungäste. Beifall. Staatskarossen. Der alte Prinzregent eröffnet die Blumenaustellung im Glaspalast. Herr Lautenschlag, schlank und groß, führt ihn hinein – denn die Ausstellung ist sein Werk. Er ist königlich bayerischer Gartenarchitekt. Leider werden seine Projekte immer viel teurer als kalkuliert. Dann hilft er aus eigener Tasche, die Löcher zu stopfen. Daher die chaotischen Geldverhältnisse der Lautenschlags. Aus dem ersten Stock von Nr. 7 schauen sie heraus auf das urmünchnerische, offizielle und doch so gemütliche Zeremoniell. Sie sind stolz auf Herrn Lautenschlag. Aber muß er so bescheiden sein und immer nur in der schäbigen Uniform eines kleinen Beamten herumlaufen? Aus einem Fenster im 2. Stock droht mit wirrem Blick eine alte Dame. Mme. Lautenschlags Mutter, die Prof. von Zwinger bald in ein Irrenhaus ihrer Heimat einweisen wird. Noch ein Stockwerk höher schaut aus einem Mansardenfenster der lachende weiße Kopf der Gartenmarie, der pensionierten Lautenschlagschen Köchin.
Gehen wir rasch hinauf in ihre Austragskammer. Zu Weihnachten baut sie eine prächtige Münchner Krippe auf. In den wilden Karten- und Würfelnächten der Kinder kommt sie herunter und zaubert aus Resten Menüs. Oder sie bringt einem verdüsterten Herrn Lautenschlag eine Zwiebelsuppe auf sein Zimmer.
Verdüstert? Ja, die Schaukel schwingt oft genug hinab in dieser Familie. Wie werden sich diese Kinder einmal im Leben behaupten, die nichts »Fades« gelten lassen? Wie wird es diesen Mädchen ohne Mitgift, aber mit enormen Ansprüchen einmal ergehen?

Sogar Irmachen und Klärchen kommen in diesem Frühling unter die Haube. Endlich ist Mme. Lautenschlag diese schrecklichen Klavierstunden los. Candida mit dem Kindermund würde keinen nehmen, der nicht die Billigung der Lautenschlagmädchen findet. »Was haltet ihr von dem Assessor?« Mußte Mathias da den Spitznamen Biersuppe für den blassen Jüngling finden? Aus war's!

Während bei den Zwingers ein Wohltätigkeitstee mit Streichwurst und dicken Stullen vom Stapel läuft, stauen sich bei den Lautenschlags heute die Wagen vor dem Haus – verwöhnte Diener in langen Mänteln drängen sich in der kleinen Diele – wo ist denn ihre Herrschaft diesmal hingeraten? Ja, bei Lautenschlags treffen sich die besten und nettesten Leut: Franzosen von der Botschaft, Klerus, Künstler, viel Junge. Und Mathias teilt die feinsten Pralinen nur den Favoriten aus. Ansonsten wird hier nicht allzuviel gereicht. Die Tapeten sind verrußt. Was, die haben noch kein Telefon, kein Gas, kein Elektrisch? Nein. Aber eine unvergleichliche Atmosphäre.
Monsieur Lhombre ist aufgetaucht. Der hübsche, aber unheimliche junge Mann singt mit schmelzendem Tenor, von Mme. Lautenschlag begleitet, eine französische Arie. Mathias beobachtet Monsieur

Zeichnung von Germaine Kolb (Gervaise). In der Mitte Annette

Lhombres Blicke für Gervaise. Und wird beobachtet von Sophie Wallberg und ihrem Liebhaber und viel belacht.
Aber die Baronin James, als sie ein paar Wochen später an einem Maiabend in ihrem Gartenhaus einen sogenannten »Lämmersprung« veranstaltet, weiß es anders: Der junge Franzose haßt Frauen, er ist mit einem preußischen Prinzen befreundet, er wird die arme Gervaise sehr verletzen und dann verschwinden.
Hoch fliegt die Schaukel. Die 15- bis 20jährigen Lämmer tanzen. Ein kleines Orchester spielt hinter Oleanderbüschen einen Walzer. Mathias aber steht da und sieht mehr. Sie sieht die Paare älter und älter werden. Jeden auf seine Art. Die einen auf hohem Roß, die anderen in Lumpen, als Spießer, als Witwen ... und auch ganz jung. Den jungen Leib zerfetzt im Stacheldraht hängend – Mathias sieht den nächsten Krieg zwischen ihren beiden Heimatländern.
(Annette Kolb schrieb *Die Schaukel* in Badenweiler, bevor sie 1933 nach Paris und in eine 12jährige Emigration ging. In einer berühmten Fußnote sagt sie anläßlich der Figur der Baronin James: »Vom Tage an, da die Juden im geistigen Leben zu Einfluß gelangten, machten sich in der gefährdeten Existenz des Künstlers gewisse Chancen fühlbar, daß er nicht mit einer Mühsal wie bisher, die subjektiv gesehen nur zu oft einem Auf-der-Strecke-Bleiben gleichkam, sich durchzuringen hatte. Mit anderen Worten und retrospektiv gesehen: daß ein Hölderlin vielleicht davon bewahrt geblieben wäre, den armen Hauslehrer zu spielen, Franz Schubert vielleicht nicht so jung und als ein armer Teufel gestorben wäre. Wie dem auch sei: wir sind heute in Deutschland eine kleine Schar von Christen, die sich ihrer Dankesschuld dem Judentum gegenüber bewußt bleibt.«)

Nun geht's aufs Land. Grünstraßen heißt ein Gut über der Isar, Landsitz der Zwingers. Im offenen Rollwagen werden die Lautenschlagmädchen von der Bahnstation abgeholt. Auf Schienen!, denn zum Gut gehört eine Ziegelei. Tobby, der dunkle Zwingersohn mit den etwas lahmen Augen seiner Mutter, würde Mathias schon gefallen. Doch der schaut nur auf die schöne Hespera.
Beim Essen säbelt der gigantische Professor an den Zeitfragen herum wie am riesigen Braten. Aber netter als in München ist er hier. Der Rittersaal steht ihm gut zu Gesicht. Wie die Mädchen dann wieder in ihrem 3.-Klasse-Abteil sitzen und über die Großhesseloher Brücke fahren, hört Mathias in dem Rattern ihren Bruder höhnen: »Du kriegst nie an Mann!« Das gibt ihr einen Stich. Zündhölzlverkäufer hatte sie ihn vorher genannt. Seine Antwort aber, die saß!
Frau Lautenschlags Mutter ist in Frankreich gestorben. Was für ein kalter, nasser Juni. Eine vollständige Trauergarderobe haben sich die

Lautenschlags anfertigen lassen. Da trifft die Rechnung ein. Niemand ist auf die Summe gefaßt. Nach einem furchtbaren Krach flieht Vater Lautenschlag aus dem Haus. Beim Trostpflaster- oder Kuchenkaufen entdecken Mathias und Otto ihn in einem kleinen Café. Schnell will er hinter die Zeitung. Zu spät. Da steigt das alte Gelächter hoch. Und sie bringen den besänftigten Vater nach Haus. Besuch sagt sich an, vergessen ist das Unglück. Sie haben wieder ihre Morphiumspritze!

Wie Mme. Lautenschlag ihre stillen Stunden am Klavier braucht, so Herr Lautenschlag seine einsamen Spaziergänge in der ersten Morgendämmerung. Er ist der Mann der Frühe. Theatinerkirche, Hofgarten, Frühnebel über der Isar, Gebüsch und Bäume, die noch leeren Plätze – er steht, er wandert weiter, er schaut in die Asamkirche hinein, er sitzt in seinem kleinen Café am Viktualienmarkt. Kommt er allein, das weiß die Kellnerin, gibt er viel größere Trinkgelder, als wenn eine seiner Töchter ihn begleitet. Wird Hespera bald das Haus verlassen? Wird dieser merkwürdige Monsieur Lhombre seine Gervaise fortziehen? Wird Otto durchs Abitur fallen? Nur um den frechen Mathias ist ihm nicht angst. »Du wirst hier nur geduldet«, hatte er seiner Jüngsten kürzlich hingefahren. Und sie: »Bist halt ein schlechter Vater.« Da hatte er ihr am nächsten Tag vorm Essen in einer Scheibe Brot ein paar Goldstücke versteckt. Hat die blöd geschaut. Und endlich das ersehnte Radl kaufen können, wo sie doch die Fahrradprüfung grad bestanden hat.
Da fährt sie vorbei. Wie ihr Mäntelchen fliegt! Ein Geschenk ihrer Freundin, Baronin James.

Sommerfrische. Der Hundertjährige war nämlich so oft befragt worden, weil sich die Kinder das ganze Jahr über auf die Nacht- oder Vollmondausflüge freuen und jedes Zehnerl in die »Partienkasse« stecken. In Lengries die Familienunterkunft ist für sie nur die Tankstelle. Aber dann los! Mit den Rucksäcken. Am Abend und im Vollmond in den Tegernseer Bergen. Einen Heuschober finden, in dem man tafeln und spinnen und kichern und dann schlafen kann. Da klingt alle Musik zusammen, die die vier mögen – Mozartsonaten und das Glockenspiel vom Rathausturm und das Tristanvorspiel. Man geht nicht mehr, man fliegt!
In Tegernsee, zwei Tage später, werden sie schon von der Baronin James erwartet, die packt ihnen die Rucksäcke mit neuem Proviant voll. Aber es wartet auch Lhombre und macht einer anderen Frau den Hof, um Gervaise die Freude an dem Ausflug zu verderben. Diesmal entkommt sie ihm noch.
Auf dem Heimweg geraten sie in einen saumäßigen Regen, lachen

sich scheckig, werden von einer hochnoblen Kutsche mitgenommen und kraxeln wieder wie die Ziegen herum zur Königsalp, sitzen dann am nächsten Morgen in einem Gärtchen vor einer Alm und feiern Abschied. Weg! Vorbei!
Die Schaukel fliegt!
Haben sie nicht kürzlich Candida schon wieder einen Verehrer vermiest, einen Arzt, den sie sofort den Genius der Masern nennen – arme Candida.
Der November findet häßliches Laub an den Scheiben des Glaspalastes, und Hespera stirbt an einer Grippe in zwei Tagen. Und wird wie bei einem Staatsbegräbnis abgeholt. Kopfschüttelnd starren die Nachbarn auf die Straße. Irrtum oder Größenwahn?
Bei den Zwingers gibt es die nächste Doppelhochzeit. Nein, nicht Candida – doch auch sie kommt bald unter die Haube, obwohl Mathias den jetzigen Anbeter wegen eines leichten Sprachfehlers Griesknödl genannt hat. Diesmal aber nur heimlich.
Monsieur Lhombre festigt seine Machtposition im Hause Lautenschlag. Die Gartenmarie wallfahrtet nach Altötting und bittet darum, daß ihre Gervaise doch endlich den hübschen jungen Mann bekommt ... dessen Schritte auf dem nassen Pflaster vor Nr. 7 für immer verhallen.
Die Schaukel steht still.
»München ist stärker vielleicht als andere Städte im Banne seiner Luft und ihrer Spiegelungen.« Und München ist auch der eigentliche Hauptdarsteller dieser Geschichte. München, die Provinzweltstadt mit ihren Schneemassen, ihren Frühlingsexplosionen, ihrem Wiesnbilderbuchwetter und ihrem Föhn.
Von was wird erzählt? Vielleicht vom Föhn! Wie er rauschig macht und jähzornig, einzelgängerisch und leutselig, unberechenbar und ganz und gar individualistisch. Und wie unter seiner Herrschaft vieles durcheinandergerät. Da ist das Vergangene nicht so sehr vergangen wie anderswo und das Gegenwärtige nicht ganz so gegenwärtig.
Für das alles hat Mathias ein untrügliches Gespür. Mathias, die eines Tages Annette Kolb heißen wird und mit dem Auf und Nieder ihrer Familie ein Buch schreiben wird, das Münchner Wesen wie kaum ein anderes trifft –
Die Schaukel.

Nachbemerkung

Meine Beschäftigung mit Annette Kolb begann, als ich von 1964 an ihre drei Romane (*Das Exemplar, Daphne Herbst und Die Schaukel*) bearbeitete und im Rundfunk vorlas. Ihr trockener Humor, ihre Ly-

rik, die Zündfolge ihrer Szenen, ihre »Schnitte« trafen bei mir ins Zentrum. Sie lebte noch, war 94 und ließ mir damals ausrichten, daß sie sich gern von einem »Garçon« gesprochen höre.
Als sie nicht mehr lebte, machte ich einen Dokumentarfilm über sie, *Fräulein Annette Kolb – bayrisch-französischer Lebenslauf einer couragierten Dichterin*.
Für mich ist *Die Schaukel* ein idealer Filmstoff, weil nicht das Pensum einer komplizierten Handlung den Fortgang treibt, sondern der Wechsel der Jahreszeiten und Szenen, Farben und Töne, Turbulenz und Stille ein filmisches Gewebe ermöglicht.

Das Drehbuch

Auf und Nieder
einer deutsch-französischen Familie
in München vor hundert Jahren

Die Schaukel

Ein Film von Percy Adlon
nach dem Roman
von Annette Kolb

Besetzungsliste

Familie Lautenschlag:

Mathias (15), »häßliches« Mädchen mit wachen, kritischen Augen	Anja Jaenicke
Otto (18), Abenteurernatur, holprigschnell sprechend	Joachim Bernhard
Gervaise (20), apart, imitatorisches Talent	Lena Stolze
Hespera (22), still, sensibles Gesicht, anmutiger Gang	Susanne Herlet
Herr Lautenschlag (55), Einzelgänger, Gartenarchitekt	Rolf Illig
Mme. Lautenschlag (40), grazil, Pariserin, Pianistin	Christine Kaufmann
Mme. Lautenschlags Mutter (65), Französin, wahnsinnig	Jenny Thelen
Gartenmarie (80), Münchnerin, pensionierte Köchin	Elisabeth Bertram

Familie von Zwinger:

Prof. Dr. Fritz Emanuel von Zwinger (50), gewaltige Ausmaße, Spitzname Käslaib, Preuße, Hausarzt der Lautenschlags	Günther Strack
Mrs. von Zwinger (50), »lebt ungern«, Großmutter Engländerin	Dorothea Moritz
Candida (16), lachlustiger Mund, blond	Andrea Schober
Tobias, »Tobby« (17)	Ralf Schäfer
Gertrud (18)	Stephanie Mayer
Victory, »Vicky« (19)	Pascal Müllerschön
Hedwig (20), riesig	Ille von Aigner

Alle von Zwingers reden hochdeutsch

Lhombre (25), mit französischem Akzent sprechender Mensch unbekannter Herkunft	Ulrich Tukur
Frau Erlendicht (45), bigotte Person	Irm Hermann
Irmachen + Klärchen (21), Zwillinge, ihre Töchter	Stephanie + Veronika Hoesch
Baronin James (50), gebildete Jüdin	Anja Buczkowski
Oberst von Ried-Recours (50), Charmeur, Münchner	Gustl Weishappel
Tandlerin (35), dick, Münchnerin	Marianne Sägebrecht
Tratschweib	Elisabeth Karg
Passant	Werner Abrolat
Fuhrmann/Kutscher	Andreas Nemitz
Hausdame bei Zwingers	Irmhild Wagner
Serviermädchen	Denise Gross
Frau mit Dackel	Hansi Zacher
Älterer Mann, auf Flaschengummi kauend	Fritz Holthaus
Polizist	Helmut Alimonta
Prinzregent/2. Lakai	Will Spindler
Kontrolleur	Beppo Loucka
Fahrradlehrer	Hans Stadlbauer
1. Lakai	Walter Feuchtenberg
3. Lakai	Norbert Warta
4. Lakai	Werner Zeussel
Kreszenz	Anja Coates
Theaterbesucherin	Marianne Lindner
Kellnerin	Christiane Blumhoff
Abgedankte Königin	Marianne Brandt
Kleine Sängerin	Gabriela Kuhn
Hofkapellmeister	Peter Kern
Nuntius	Guiseppe Vittoria
Französisches Gesandtenehepaar	Danielle Höfler Friedhelm Kemp
Preußischer Prinz	Dieter Pfaff
Maler Habermann	Karl Heinz Knaup
Schauspieler	Hans Günther Eich
Feuerversicherungsvertreter	August Riehl
Bebrillter Jüngling	Alexander Gittinger
Blasser Assessor	Stefan Hufschmid
Aufgedonnerte junge Dame	Sabine Kückelmann
Geldbriefträger	Edmund Bierling
Stimme der Erzählerin	Annette von Aretin

Zeit:

München um 1890

Schauplätze:

Haus Lautenschlag
Haus Zwinger
Wohnung Erlendicht
Stadthaus und Garten Baronin James
München – Stadtbilder
Kleines Café
Glaspalast
Gut und Umgebung von Zwinger im Isartal
Kleines Landhaus vor den Bergen
Tegernsee
Villa am See (Baronin James)
Straße am See mit Villen
Gebirgslandschaften: Bauernhof, Weiher, Alm, Heuschober, Weg über dem See, Baumgrenze, über der Baumgrenze

Die neunzigjährige Annette Kolb mit Lesebrille und Orden
(Fotomontage; Foto: Monica Brill)

Annette Kolb Dokumentarfilm s/w

DIE NEUNZIGJÄHRIGE ANNETTE KOLB »Da bin ich amal, ich weiß nimmer wanns war, auf so einem ... heut sagt ma Party, so einem Fest gwesen. Da steht plötzlich ein junger Mann vor mir, ganz braun. Er sagt, er kommt aus Afrika. Mitm Flugzeug. Ich sag, was, Sie fliegen. Ja, sagt er, das ist mein Beruf. Ich sag, geflogen bin ich noch nie. Er sagt, er hat ein Flugzeug und mitnehmen kann er, wen er will. Wirklich? frag ich. Ja, sagt er, wen ich will. Wollen Sie morgen um acht Uhr in Augsburg? Ja, sag ich, mit Vergnügen. Morgen um acht Uhr in Augsburg ... wo?? ... ach so, am Flugplatz. Da bin ich heim (lacht) und hab mein Testament gmacht. Nicht schlafen können hab ich die ganze Nacht. Ich tus, ich tus nicht, nein ich darfs nicht tun, ich tus nicht ...
ICH TUS!!!
Und da bin ich eingeschlafen, hab vielleicht eine Stunde geschlafen, aufgwacht ... Furcht, wo ist meine Furcht? Weg. Was? Meine Furcht is weg? Ja, sie ist weg! Einfach weg? Ja, einfach weg!
Ich bin nach Augsburg. Hinein in das entzückende Maschinchen mit so einem ... ach so, ich darf die Händ nicht bewegen ... oder ... na ja, egal ... so einem Verdeck ... Ich hab alles von da droben gesehn. Und die ganze Zeit über hatte ich keine Furcht mehr ... keine Furcht! Sie war ... ausgegeben in dieser Nacht, ja, ausgegeben.«

Fotos Annette Kolb

Ihr Gesicht wird jünger: Überblendung der Fotos der Neunzig- bis Fünfzigjährigen.
Musik: Mozart, Klavierkonzert Nr. 13 C-Dur KV 413
Überblendung auf ...

Der Münchner Glaspalast (erbaut 1854, abgebrannt 1931). Historische Photographie und Realszene (Filmtrick)

Glaspalast Filmdokument von 1931

Weiter Musik
Der brennende Glaspalast.
Überblendung auf ...

München-Silhouette / Wolken — Tag

Aus den Flammen werden schnellziehende Wolkenfetzen.
In das Mozartkonzert mischt sich das Glockenspiel vom Münchner Rathaus, dann das Tristanvorspiel.
Aus den Wolken und Flammen scheint die München-Silhouette – Frauentürme, Theatinerkirche, Alter Peter, Heiliggeist – auf.
Titel: Auf und Nieder einer deutsch-französischen Familie in München vor hundert Jahren.

DIE SCHAUKEL ... *usw.*

Überblendung auf ...

Glaspalast Filmdokument

Der brennende Glaspalast.

STIMME DER ERZÄHLERIN Als am 6. Juni 1931 die Nachricht vom Brande des Münchner Glaspalasts die Welt nach allen Richtungen durcheilte, funkte in den Köpfen von ein paar Menschen ein und derselbe sonderbare Wunsch: das etwas gespenstisch aussehende Haus, das die Nummer sieben trug und an dem rauch- und flammenschlagenden Riesenkasten sozusagen lehnte, möge von Grund auf mitverbrennen. Diese paar Leute waren weit von einander getrennt lebende Geschwister. Doch das für den Abbruch längst reife Gebäude blieb unversehrt. Warum es denjenigen ein so unerträgliches Memento geworden war, die ihre Jugend darin verlebt hatten, gehört nur bedingt hierher. Wenn wir uns mit ihm befassen, geschieht es im Gegenteil der Heiterkeit, des unbändigen Gelächters wegen, welches dort Jahre hindurch immer wieder triumphierte.

Überblendung auf...

Fotos Annette Kolb

Fotomontage der fünfzig- bis fünfzehnjährigen Annette Kolb.
Musik Ende.
Überblendung auf...

Fenster Haus Nr. 7 — außen/Tag

Winter. Spätnachmittag.
Mathias schaut aus dem Fenster.

MATHIAS *(schreit)* Candida, wart!

Von innen hört man Musik, Klavier (Mozart-Sonate).

Vor Nr. 7 — außen/Tag

Candida, die jüngste Zwingertochter, 16, geht mit ihrer Schultasche unter den beschneiten Bäumen von Nr. 7 vorbei. Es ist ein dreistöckiges, engbrüstiges, etwas verkommenes Haus in einer Häuserzeile. Auf der anderen Seite der Straße der Alte Botanische Garten mit dem Glaspalast.
Vor Nr. 7 hält ein Pferdefuhrwerk.
Candida schaut kurz nach oben, macht ein paar Schritte rückwärts auf

die Straße. Ein radelnder Geldbote muß ausweichen. Es schmeißt ihn, er rutscht mit seiner Tasche über eine Eisplatte.

Fenster Nr. 7 **außen / Anschluß**

Mathias lacht dreckig.

Vor Nr. 7 **außen / Anschluß**

Während der Geldbote aufsteht und seine Sachen einsammelt, heben zwei Fuhrknechte einen monströsen Tisch vom Pferdewagen.

Wohnung Lautenschlag **innen / Tag**

Die dunkle Diele. Die Tür zum Musikzimmer steht einen Spalt auf.
Mozartsonate.
Ein Schatten. Krachen, Wehklagen, Schimpfen.
Klavierspiel bricht ab.

MME. LAUTENSCHLAGS STIMME Ah, mon Dieu, mais qu'est-ce qu'il y a encore?

Gleichzeitig Herrn Lautenschlags Stimme aus dem Salon. Er spricht etwas schleppend, ungeschickt, nie aggressiv.

HERRN LAUTENSCHLAGS STIMME Ja könnts ihr denn nicht ein bißl ... aufpassen?

Er öffnet die Tür.

HERR LAUTENSCHLAG Man kann doch die Augen ... ein bißl offenhalten.

Er stolpert über den am Boden liegenden Mathias, fällt, reißt eine große Vase mit, sie zerspringt.
Mathias bricht in ein ordinäres Lachen aus.
Madame Lautenschlag steht in ihrer Tür.

MME. LAUTENSCHLAG Mon Dieu, Max, es-tu blessé? C'est toujours la même chose. Immer dasselbe ...

Gleichzeitig schreit Otto von oben.

OTTO Hat sichsich wer derrennt? Wirds wieder spannend? Haben wirs große Los gegegewonnen?

Familie Lautenschlag vor der Münchensilhouette: Christine Kaufmann als Madame Lautenschlag, Susanne Herlet als Hespera, Rolf Illig als Herr Lautenschlag, Lena Stolze als Gervaise, Anja Jaenicke als Mathias und Joachim Bernhard als Otto

Er kommt die Treppe vom zweiten Stock runter, wo die Kinder- bzw. Schlafzimmer sind. Hinter ihm Gervaise.

GERVAISE Was is, is scho wieder wer verunglückt? Wars desmal der Mathias??

MATHIAS *(unter Lachen)* Ja, und der Vater glei auf mich drauf. Und hat glei no die kinesische Vasn zerdeppert, die greißlige.

MME. LAUTENSCHLAG *(lächelnd)* Lotenschlag, du bist eine schrecklicher Mann.

Gervaise zündet die Petroleumlampe wieder an. Man sieht, daß man hier im Dunkeln leicht zu Fall kommen kann – es stehen ein gerollter Teppich, ein Ölbild, eine Kiste und anderes mitten in der Diele. Diese Unordnung kontrastiert zu der sehr geschmackvollen Einrichtung: alles »schlank«, französisch.
Herr Lautenschlag hat sich wieder erhoben.

HERR LAUTENSCHLAG Ja, ein schrecklicher Mensch ... ein Haustyrann ... der versucht ... der versucht ... ein bißl was zu sparen, den ... den drohenden Familienbankrott halt wenigstens ein bißl ... ein bißl zu bremsen und den Übermut ... und die Verschwendungssucht.

Er dreht die Flamme der Petroleumlampe runter.
Das laute Geräusch des Türklopfers erzwingt eine plötzliche Stille. Alle schauen zur Tür.
Da aber sagt Hespera, die mit ihrer Handarbeit auf der Treppe erschienen ist, mit ihrer leisen, klaren Stimme:

HESPERA Was habts ihr denn alle?

GERVAISE Also der Vater hat wieder mal die Entréelampn ausgmacht. *(Sie spielt gleich alles vor.)*
Da stakst der Mathias daher, rennt gegen die offene Toilettentür ... oder was ...

MATHIAS Naaa, gegen den Ölschinken da bin i grennt ...

Erneutes Türklopfen.

MME. LAUTENSCHLAG Gervaise, ouvre donc la porte, s'il te plaît!

OTTO *(rasch)* Heutheutheut ist doch Ziehung ininin der Lotterie.

Alle stehen neugierig im Pulk wie die Kinder beieinander. Gervaise öffnet, ein Fuhrmann steht draußen.

FUHRMANN Grüß Gott, da hätt ma an Tisch für den Herrn königlich-bayrischen Gartenarchitekt Lautenschlag.

MME. LAUTENSCHLAG Oui, oui, Lottenschlag!

FUHRMANN Woos??

HERR LAUTENSCHLAG Ja, ja, is schon recht, das is schon bei Lautenschlag.

Der Fuhrmann entfernt sich.

OTTO *(zeigt auf die zerbrochene Vase)* Da gibts dochdoch eine Versicherung, die zahlen vielleicht an Haufen Geld ...

MME. LAUTENSCHLAG Pas si vite, mon cher, qu'est-ce que tu as dit?

HESPERA *(zu Mathias)* Aber warum ist denn der Vater über dich gfalln ... mit der offenen Tür ... es war doch hell?

MATHIAS *(schaut nett zum Vater rüber)* Der ist doch zimmerblind, der sieht doch nur seine Bäum und Büsch.

Unterdrückter Schmerzenslaut von allen, als ein fellbespanntes Ungetüm von Tisch auftaucht. Sogar Kopf und Läufe des Tiers sind in die Komposition mit einbezogen.
Hinter den Fuhrleuten der Geldbote.

HERR LAUTENSCHLAG *(rasch)* Post oder was?

GELDBOTE Nein, der Geldbot wärs, Herr Architekt.

HERR LAUTENSCHLAG Aber doch net da heroben. Nunter ins Büro bittschön.

Er drängt sich am Tisch vorbei.
Madame Lautenschlag rasch hinter ihm her, laut flüsternd:

MME. LAUTENSCHLAG Das Ausaltsgeld, Max, c'est fini déjà ...

Lautenschlag von der Treppe her:

HERR LAUTENSCHLAG *(leise)* Bitte nicht vor den Leuten, Valérie!

GELDBOTE Im Büro unten war ja niemand.

Mathias versperrt dem Vater den Weg.

MATHIAS Herr Lautenschlag, rücken Sie das Haushaltsgeld sofort heraus!

HERR LAUTENSCHLAG Komm, Mathias, markier net den Kasperl!

MATHIAS 's aber ernst, Papa.

Die Fuhrleute, Herr Lautenschlag und der Geldbote steigen an ein paar größeren und kleineren Kisten vorbei ins Parterre. Ein junger, gutgekleideter Mensch, Monsieur Lhombre, kommt die Treppe herauf.

LHOMBRE Bon soir, Monsieur Lautenschlag. Comment allez vous?

HERR LAUTENSCHLAG *(an ihm vorbei)* Bon soir, Monsieur Lhombre, danke gut und Ihnen?

LHOMBRE *(von oben)* Merci bien, merci, Monsieur!

Während die Fuhrleute das Haus verlassen, Herr Lautenschlag mit dem Geldboten in seinem Büro, Monsieur Lhombre in der Wohnung verschwinden und das Klavierspiel wieder beginnt, hört man die Stimme der alten Erzählerin.

ERZÄHLERIN Herr Lautenschlag freute sich alljährlich auf Weihnachten wie das Kind, das er war. Da er für seine Gartenpläne und Ratschläge nie und niemandem eine Rechnung zusandte, werden zur Weihnachtszeit die Verpflichtungen an ihn mit Teppichen, Bildern, Vasen, mit Ladungen von Spargel und Kisten mit Wein liquidiert. Der Geldbriefträger ist angewiesen, im Büro vorzusprechen, von etwaigen Schecks erfahren die Angehörigen nichts. Gradlinige Offenheit war in keiner Weise das Merkmal dieses Hauses, sondern ein Versteckspiel in Permanenz.

Blick von der Diele ins Musikzimmer, wo Monsieur Lhombre, begleitet von Mme. Lautenschlag mit schmelzendem, kleinem Tenor eine französische Arie singt.
Blick in den Salon, wo sich Mathias und Gervaise über ihres Vaters Hausjacke hermachen. Sie finden seine Börse, nehmen etwas heraus.

OTTO *(ruft in die Diele)* Ich hab die Losnummer!

Die Musik bricht ab. Die beiden Mädchen stürzen in die Diele, ebenso Mme. Lautenschlag.

MATHIAS, GERVAISE, MME. LAUTENSCHLAG Was, was, was, gewonnen? Otto, c'est pas vrai!?
OTTO Nein! Ich weiß jetzt dochdoch nur diediedie Nummer, die 's große Los gewinnen tät.
HERR LAUTENSCHLAG *(betritt die Diele)* Was? Habts was gwonnen?
DIE ANDEREN Nein, nein, aber wir werdens gleich wissen!

Otto holt unter einer Statue drei Lose hervor und vergleicht die Nummern. Alle stehen um ihn herum, sehr gespannt. Otto murmelt die Zahlen.

OTTO Nummer 1 ... Niete! *(Er murmelt Zahlen.)* Nummer 2 ... auch Niete! ... Ja! ... Ja! ... Ooh ... bis auf die letzten beiden Zahlen ... die sind anders. Schweinereischweinerei.

Herrn Lautenschlags Stimme aus dem Salon:

HERR LAUTENSCHLAG War da vielleicht wer an meiner Börsn?
MATHIAS *(rasch, leise)* Da, Maman, wir waren beim Plündern!

Mme. Lautenschlag streckt schnell die Hand aus.

MME. LAUTENSCHLAG Olalalala, mes filles terribles!

Sie ziehen zu Herrn Lautenschlag in den Salon, um ihn zu beruhigen. Großes Palaver.

ERZÄHLERIN Nichts war leichter als ein Anschlag auf die immer prall gefüllte Börse des Herrn Lautenschlag. Meistens bemerkte er ihn gar nicht. Markierte er aber Entrüstung, so verfiel er doch nicht auf den Gedanken, das Geraubte zurückzuverlangen oder, da dieses zu nichts geführt hätte, sich ein anderes Mal vorzusehen. Diese Zerstreutheit, dieser Mangel an Ernst einer so grimmen Sache wie dem Gelde gegenüber, verlieh ihm in den Augen der Kinder einen ungeheuren Charme.

GERVAISE Und jetzt laden wir die Maman in die Oper ein!

MATHIAS Aber d'Hespera muß mitgehn.

HERR LAUTENSCHLAG *(sehr charmant)* Ja, Otto, lauf nauf und frags, obs net mitgehn mag. *(Weich)* Gehts in d' Oper miteinand, gell Valérie. Ich hol euch dann nachher a Droschkn.

Bleibt vor dem Tisch stehen.

HERR LAUTENSCHLAG Und du? Du scheußliches Viech? Was mach ma mit dir?

MATHIAS *(kräht)* Einwickeln und herschenken!

Haus Zwinger **innen/Tag**

Große protzige Empfangshalle. Elektrisches Licht. Professor von Zwinger vor dem fellbespannten Tisch.

VON ZWINGER Look at sis wonderful cratsmanswork, my dear! Kolossal!

Ein Diener hilft Prof. von Zwinger in einen pelzgefütterten Mantel. Ein Mädchen mit Häubchen serviert Tee.
Eine Hausdame führt dabei Regie.
Das Telefon klingelt.

DIE HAUSDAME Hier bei Prof. von Zwinger. Gedulden Sie sich einen Moment, ich hole den Herrn Professor.

VON ZWINGER Ja, gnädige Frau, ich höre Sie gut ... Nein, kein Wunder – ein Erfolg des forschenden Menschengeistes ... Man kann bereits bis Potsdam sprechen ...

DIE HAUSDAME Ich halte Ihnen die Tür auf, Anna.

SERVIERMÄDCHEN Geht scho.

DIE HAUSDAME Das heißt, danke, Fräulein Kummer.

Günther Strack (Mitte) als Professor von Zwinger

SERVIERMÄDCHEN Ja.
DIE HAUSDAME *(stöhnt)*

Mrs. von Zwinger erscheint in der Tür.

MRS. VON ZWINGER *(sehr norddeutsch)* Hat das Instrument funktioniert, my dear?
VON ZWINGER *(auf den Tisch deutend)* Von Lautenschlags! Prächtig.
MRS. VON ZWINGER Etwas drastisch, meinst du nicht? Vielleicht würde er auf dem Lande ...
VON ZWINGER Ich werde das entscheiden.

Tobby von Zwinger, 17, will rasch vorbei.

VON ZWINGER Tobias ...
TOBBY Papa?
VON ZWINGER Mathematik?
TOBBY Vier, Papa, sorry.
VON ZWINGER Stell dich grade hin!

Er gibt ihm eine Ohrfeige.

TOBBY Ich will mich bessern, Papa.

MRS. VON ZWINGER *(ihr Mitgefühl unterdrückend)* Bleibst du nicht zum five o'clock, Fritz Emanuel?

Der Diener bringt Prof. von Zwinger die Besuchstasche.

VON ZWINGER Nein, sorry my dear, habe noch eine Visite bei Mme. Lautenschlags Mutter.

Drei Zwingertöchter kommen die breite Treppe herunter: Die fast überlebensgroße Hedwig, 20, die nicht viel kleinere Gertrud, 18, und Candida, 16, die »unzwingerische«, mit dem leicht geöffneten, lachlustigen Kindermund.

VON ZWINGER Du siehst etwas blaß aus, Hedwig.
HEDWIG Ich habe gerade meine Liegekur beendet, Papa.
VON ZWINGER Gertrud, Latein?
GERTRUD Eins, Papa.
VON ZWINGER Physik?
GERTRUD Eins, Papa.
VON ZWINGER Gib mir einen Kuß.

Gertrud küßt ihn.

VON ZWINGER Candida? Deutsch?
CANDIDA Drei, Papa, aber das lag am Thema. Ich ...
VON ZWINGER Du treibst dich zuviel bei den Lautenschlagschen herum.
MRS. VON ZWINGER Geht in die Hall, Mädchen, wir nehmen gleich den five o'clock.

Die Mädchen gehen.

MRS. VON ZWINGER Wie geht es der alten Dame?
VON ZWINGER Sie wird mehr und mehr zu einer Belastung für Lautenschlags.
MRS. VON ZWINGER Deren Haushalt ist so oder so permanent out of balance.
VON ZWINGER Ich halte anschließend meine Abendvorlesung.
MRS. VON ZWINGER Bist du zum Dinner zurück?
VON ZWINGER Es wird sich weisen.

Toreinfahrt von Zwinger **außen/Tag**

Herr von Zwinger kommt mit schnellen Schritten aus seinem Haus. Tratschweib und Passant.

TRATSCHWEIB Guten Abend, Herr Prof. von Zwinger. *(zum Passanten)* Kennens ihn?

PASSANT Nein.
TRATSCHWEIB Des »von« hat er von einem Orden. Is nix alts.

Sie zeigt auf das riesige Stadthaus.

Gehört alles ihm.
PASSANT *(uninteressiert)* Soso, aber wie finde ich ...
TRATSCHWEIB 's Geld kommt aber von ihr, Missis von Zwinger.
PASSANT Engländerin?
TRATSCHWEIB Na! Stockdeutsch. Englische Großmutter, steinreich. Jaja, unsereins ...
PASSANT Wo ist denn nun bitte der ...
TRATSCHWEIB Drehns eahna um – da stessns mitm Hirn genau hi an Glaspalast.

Nr. 7 **außen/Tag**

Prof. von Zwinger nähert sich dem Lautenschlag-Haus.
Herr Lautenschlag kommt aus dem Haus, macht ein paar Schritte, entdeckt von Zwinger, schaut sich nach einem Fluchtweg um, verbirgt sich hinter einem Baum.
Prof. von Zwinger betritt das Haus.
Herr Lautenschlag kommt hinter seinem Baum hervor und geht durch den Park davon.
Während sich Herr Lautenschlag entfernt, kommt Mathias rasch näher.
Ihr Gesicht. Sie schaut nach oben.

Fenster in Nr. 7 **außen/Tag**

Die Gartenmarie, pensionierte Köchin bei Lautenschlags, schaut mit ihrem weißen Kopf aus ihrer Mansarde. Sie winkt Mathias zu.

Mansarde der Gartenmarie **außen/Tag**

Letztes Licht.
Das Zimmer der Gartenmarie gleicht einem Zigeunerlager: Wäsche hängt zum Trocknen quer durch den Raum, zwischen den Fenstern ein buntbemalter Altar, stufenförmig »ergießt« sich eine personenstarke Krippe, Dromedare am Boden zwischen den Kohlen für den Ofen. Backbleche mit rohen Plätzchen.
Die Gartenmarie ist immer kurz angebunden, gleichzeitig hat sie sehr nah am Wasser gebaut.
Gervaise, Otto, Hespera.

GERVAISE Siebenhundert Leut sind ertrunken. Hast es schon gehört, Gartenmarie?
OTTO Schiffsunglück, alle ertrunken.
HESPERA Nur zwei nicht, heißt es. Sie haben den Anschluß verpaßt.
GARTENMARIE Haben an Schutzengel ghabt.
OTTO Und diediedie andern siebenhundert Herrn Schutzengel?

Mathias kommt rein.

GARTENMARIE Magst a Platzl, Mathias?

Mathias nähert sich, die Gartenmarie schiebt ihr ein Plätzchen in den Mund, gleichzeitig streicht sie etwas Ruß auf Mathias' Nase. Keiner läßt sich was anmerken.

GARTENMARIE Was kriegst denn auf Weihnachten?
MATHIAS Von meiner Taufpatin hab ich mir Briefpapier gwünscht ...
OTTO *(langgezogen)* Schreiben ... wäh ... langweilig!
MATHIAS Da soll oben als Motto reingedruckt sein: »d' Leut ärgern«.

Gartenmarie schüttelt verständnislos den Kopf.

GERVAISE Von so was kriegt man a schwarze Nasn!

Schaut die andern wissend an.

HESPERA Is heut Föhn? Mir is so schwindlig.
GARTENMARIE Komm, trink an Tee, Kinderl.

Das plätschert so dahin. Man ist nicht zum Reden hier. Es ist der gemütliche Saustall und die schönen Krippenfiguren, die die jungen Leute immer wieder anlocken.

HESPERA Ich geh.
MATHIAS *(bettelt)* Geh, bleib halt da, Hespera!
GERVAISE Erzähl von früher, Gartenmarie.
GARTENMARIE *(unwillig)* Früher, früher.
MATHIAS Ja, wie die Eltern herkommen sind.
GARTENMARIE *(schiebt ein Backblech in den Herd)* Euer Mutter, die wollt doch immer nur zurück, heim nach Paris. Dann is unser Hespera kommen *(muß fast weinen)*, dann *(zu Otto – sehr geringschätzig)* der Thronfolger da. Und mit dir ... *(sie streichelt Gervaise und macht ihr dabei auch eine schwarze Nase)* ist der Krieg ausbrochn.
MATHIAS Hör auf!!! Warum müssen denn die Bayern und die Franzosen aufeinander los? Des is alles der Bismarck schuld. Herrschaft, wenn ich ein Mannsbild wär ... a, pfeif drauf, ich zeigs de-

Elisabeth Bertram als Gartenmarie

nen auch so noch *(sieht die schwarze Nase von Gervaise, trocken).* Bist schwarz auf der Nasn.

GERVAISE Was, ich? Du!

Plötzlich merkt Gervaise, was die Gartenmarie gespielt hat. Die drei bedrohen sie lachend.

HESPERA Back doch dein Zeug in unserer Küch.

GARTENMARIE Nix da. I bin pensioniert.

Musikzimmer Haus Zwinger **innen / Tag**

Mme. Lautenschlag unterrichtet Gertrud und Hedwig am Klavier. Sie schaut gequält zum Himmel.

STIMME DER ERZÄHLERIN Da Prof. von Zwinger den Lautenschlags als Hausarzt nie eine Rechnung zustellte, lag es nur zu nahe, daß Mrs. von Zwinger von Mme. Lautenschlag eines Tages das Angebot erhielt, ihren Töchtern Klavierstunden zu erteilen. Immer großzügig, erachtete Mrs. von Zwinger diesen Unterricht nicht als Zeichen der Erkenntlichkeit, sondern als Geschenk ...

Es klopft. Mathias streckt den Kopf rein.

MATHIAS Excusez moi, Maman. Der Herr Hofkapellmeister ist da. Er wart déja troisquart d'heurs.

Mme. Lautenschlag wirft Mathias einen dankbaren Blick zu. Mathias zwinkert der Mutter zu.

Zimmer Erlendicht **innen / Tag**

Kahler Raum. Das Büffett sieht aus wie ein Betpult.
Irmachen und Klärchen Erlendicht, 20, Zwillinge, am Harmonium. Sie üben die vierhändige Begleitung zu »Harre, meine Seele«. Frau Lautenschlag versucht, einen Übergang zu erklären, der immer wieder danebengeht.
Die Konsistorialratswitwe Erlendicht schmückt einen verhungerten Weihnachtsbaum.

STIMME DER ERZÄHLERIN Der Frau Konsistorialratswitwe Erlendicht dagegen, einer sehr wenig bemittelten Verwandten des Hauses von Zwinger, wollten die Klavierstunden keineswegs als Geschenk erscheinen. Sie fand die Gegenleistung so ungenügend, daß sie eines Tages auch ihr Klärchen und ihr Irmachen der armen Frau Lautenschlag, die ganz betreten zusagte, als Elevinnen antrug.

Musikzimmer Lautenschlag **innen / Nacht**

Gervaise und Mathias am Klavier. Sie ahmen Irmachen und Klärchen beim Singen nach: »Harre meine Seele«. Otto wiehert, Herr Lautenschlag freut sich.

MME. LAUTENSCHLAG Assez! Ça suffit!

HERR LAUTENSCHLAG Otto, hast du mein Büchl gsehn?

OTTO Immer verschmeißt dududu dein Heftl. Wart, ich suchs dir.

Er trifft in der Tür mit M. Lhombre zusammen.

MME. LAUTENSCHLAG Ah, bonsoir, mon cher ami, est-ce que vous allez bien?

Herr Lautenschlag verdrückt sich schnell.

MME. LAUTENSCHLAG *(zu ihren Kindern)* Bitte. Allez. Ich brauche jetzt meine kleine französische Ecke.

M. LHOMBRE *(wie Gervaise an ihm vorbei will)* Bonsoir, Gervaise. Ça va?

Mathias dreht sich rasch in der Tür um. Aus all ihrem überdrehten Wesen und Benehmen tauchen nun zum erstenmal ihre Späheraugen auf. Sie schaut auf Gervaise und Lhombre.

Zimmer Erlendicht **innen / Nacht**

Der Weihnachtsbaum brennt. Dazu elektrisches Licht.
Zwei picklige Jünglinge geben Frau Erlendicht einen Handkuß. Die Hände geraten durcheinander. Dann übergeben sie Irmachen und Klärchen je ein Geschenk. Die Fenster sind geöffnet. Weihnachtsglokken läuten.

Hall bei Zwingers **innen / Nacht**

Riesige Blautanne. Protzig und hell erleuchtet. Türme von Geschenkschachteln.
Wie in einer Choreographie aufgebaut: die Hausdame, vier Zimmermädchen, der Diener, die Köchin, drei Küchenhilfen, zwei Gärtner, der Kutscher.
Der Besuch, in Sesseln, Großeltern, Großtanten und -onkel; Prof. von Zwinger, Mrs. von Zwinger, Hedwig, Gertrud, Candida, Victory und Tobby.
Von Zwingers schreiten die Reihe der Dienstboten ab und überreichen Geschenke.
Vier Blechbläser spielen einen Choral.

Salon / Musikzimmer Lautenschlag **innen / Nacht**

Weiches Licht von farbigen Lampenschirmen und den Kerzen des hübschen kleinen Christbaums, rote Äpfel daran, Plätzchen, vergoldete Nüsse, alter Schmuck.
Herr Lautenschlag nimmt mit viel Ah und Oh die Geschenke von Gervaise und Otto entgegen.
Frau Lautenschlag sitzt mit einem französischen Ehepaar in einer Ecke.
Die Tür zum Musikzimmer steht auf: Mathias spielt, unerwartet gefühlsbetont, eine Mozart-Fantasie.
Hespera geht auf ihre Großmutter zu, die plötzlich mit einer drohenden Geste aufgesprungen ist und zu lachen beginnt, streichelt ihr immer wieder sanft über Gesicht und Haar und sagt:

HESPERA Bon Noël, bon Noël, grand-mère.

Die Gartenmarie kommt mit einer großen Terrine mit dampfendem Punsch, sie geht herum und schenkt ein.
Alles sacht, unordentlich, harmonisch. Nur ab und zu dazwischen Mme. Lautenschlags Ruf:

MME. LAUTENSCHLAG Da! Die! Löscht sie aus! Faites attention! Là! Celle-là! Eteignez-la!

Und die Antwort von Mathias, Otto, Gervaise oder Hespera:

Es passiert scho nix, Maman.

Mathias hat zu spielen aufgehört, dreht sich von den andern weg. Ihre Schultern zucken. Die Gartenmarie bringt ihr ein Glas Punsch, merkt was, geht um sie herum, hebt ihr Gesicht hoch. Naß.

GARTENMARIE Ja, Kinderl, was hast denn?
MATHIAS Je ne sais pas. 's hat alles keinen Sinn.

Marienplatz **außen/Nacht**

Hespera, Gervaise, Otto und Mathias stehen auf dem Marienplatz vor einem Maronistand, kaufen jeder eine Tüte und schauen zur Plattform des »Alten Peter« hinauf, wo die Petersturmmusik Weihnachtslieder spielt. Sie hören eine Weile zu.

HESPERA Kommt, kommt, 's is fast Mitternacht. Die Mette fängt gleich an.

Alter Peter **innen/Nacht**

Der Altar, gold- und silberglänzend.
Dunkel, Weihrauchschwaden.
Die Geschwister, Wollhandschuhe vor dem Gesicht, rote Nasen. Nah beieinander.
Lateinisches Gemurmel. Glockengebimmel.
Die Arme des Priesters mit dem Kelch ... und mit der Hostie.

Abblende.

Vor Nr. 7 **außen/Tag**

Erstes Morgenlicht eines Wintertages.
Herr Lautenschlag verläßt das Haus, zögert, wohin er gehen soll, geht los.

München im Winter **außen/Tag**

Ganz frühes Morgenlicht. Verschiedene Plätze, Straßen, der Hofgarten, Isarbrücke.
Herr Lautenschlag geht, steht, schaut.

STIMME DER ERZÄHLERIN Herrn Lautenschlags Lust bestand darin, Gassen, die noch schlummern, zu begehen. Mann der Frühe. Mann der ersten Dämmerung, der jeden Morgen seine Seele neu gewinnt.

An der Bavaria (Statue) **außen/Tag**

Februar. Klarer Tag.
Mathias und Candida mit Schultaschen. Mathias hat sich eingehängt. Sie gehen auf die Bavaria zu.

CANDIDA Wir müssen doch heim ...
MATHIAS Geh komm, da steign wir jetzt scho nauf, wenn wir schon da sind.
CANDIDA Ich habe noch einen Berliner Pfannkuchen, wolln wir den teilen?
MATHIAS *(schüttelt sich vor Entsetzen)* Berliner Pfannkuchen!? Wie lang seid ihr jetzt schon in München? Das heißt Faschingskrapfen! Und Mohrenköpfe ... sind?
CANDIDA ?
MATHIAS Indianerkrapfen!
CANDIDA *(brav)* Indianerkrapfen.
MATHIAS Was ist ein Karfiol?
CANDIDA Ein Blumenkohl.
MATHIAS Und eine Stranitzn?
CANDIDA *(kokett)* Eine Tüte.
MATHIAS Bist brav! *(Sie beißt in den Krapfen.)* Und Erlendicht?
CANDIDA ?
MATHIAS Helfdirnicht!

Candida muß lachen.

MATHIAS So heißt die bei uns daheim. Erlendicht – die süße Helfdirnicht.
CANDIDA *(mit schlechtem Gewissen)* Sie ist meine Tante.
MATHIAS Mei, wanns nach Tanten geht, wir ham eine, die is so ordinär, da brauch ma erst garnet ...
CANDIDA Du bist nicht nett, Mathias!

Mathias und Candida (Andrea Schober, rechts)

Sie haben die kleine Tür erreicht, durch die man ins Innere der Bavaria gelangt.

MATHIAS Soll das vielleicht nett sein, daß die Maman dem Irmachen und dem Klärchen, den unmusikalischen Gänsen, Musik eintrichtern soll ...

Sie verschwindet im Innern der Bavaria. Candida hinterher.

Bavaria innen **innen / Tag**

Enge Wendeltreppe. Mathias voran.

MATHIAS *(fragt scheinheilig nach unten)* Du, Candida, was ist denn der höchste Festtag im Jahr?

CANDIDA *(unbefangen)* Karfreitag, wieso?

MATHIAS *(schreit)* Ostern! Ostern! Nie versteht ihr Protestanten eine Pointe.

CANDIDA Ich kehre wieder um.

MATHIAS Sei ned fad.

Sie ist oben. Sie streckt die Hand nach Candida aus.

MATHIAS Sag, hast den Luther wirklich gern?

CANDIDA *(mit schlechtem Gewissen)* Vielleicht nicht so gern, wie ich sollte.

Sie schauen beide aus dem Kopf der Bavaria raus.

MATHIAS Wir wären auch ohne euch Protestanten nicht stehenbliebn ... während ihr euch festgfahren habts. Nicht eine einzige schöne Kirch ist von euch. Und die ihr uns weggenommen habt, die habts verpatzt.

CANDIDA *(lieb)* Ich mag eure ja auch lieber.

MATHIAS Kennst du die zwei Holbeinbilder von ihm und seiner Entsprungenen?

Candida schüttelt den Kopf.

MATHIAS Sie: die personifizierte Seelenqual, und er: der personifizierte böse Blick.

Bavariakopf **außen / Tag**

Mathias steckt den Kopf aus einem kleinen Fenster in der Stirn der Bavaria.

MATHIAS *(ruft)* Gehst mit zum Duse-Gastspiel?
CANDIDA *(streckt einen Arm aus einem anderen Fenster)* Hast du denn ein Billett?
MATHIAS *(schlau)* Noch nicht.
CANDIDA Vielleicht werd ich eingeladen.
MATHIAS Vom ... blassen Assessor?
CANDIDA Vielleicht ... Gefällt er dir?
MATHIAS Dir?
CANDIDA *(schwindelt)* Nein, nicht so.
MATHIAS *(rasch)* Mir auch nicht!! Spitznamen hat er auch schon von mir. Biersuppn.

Speicher in Haus Nr. 7 innen / Abend

Gervaise, Otto und Mathias halten Kriegsrat auf dem Speicher. Auf einem großen Tisch sind allerhand Sachen ausgebreitet.

OTTO Diediedie Schlittschuh brauch ich den Winter nimmer.
GERVAISE Ich weiß nicht, ob ich das Ketterl hergeben soll.
MATHIAS Ich geb ihr mein Wintermantel und die Schuh gleich dazu. In vier Wochen is Frühling.
STIMME DER TANDLERIN Oje, mei gehts da hoch nauf. Uje.

Gervaise prescht vor bis zum Aufgang.

GERVAISE Scht! Ruhig! Das darf doch niemand wissen!

Die Tandlerin kommt zum Vorschein. Sie ist von gewaltigem Umfang. Rote Löckchen, mit Füchsen umhängt. Pelzbarett auf dem Haupt.

TANDLERIN *(schnauft)* Uje, daß ihr mich immer wieder da naufjagts. *(zeigt auf ihr Pelzbarett, unterspielt)* Von einer königlichen Hoheit. Zeigts euer Glump.
OTTO Diediediediedie ...
TANDLERIN 'd Schlittschuah nimm i. Wieviel mögst?
GERVAISE *(rasch)* Die haben fünfzehn Mark gekost.
TANDLERIN Wies neu waren. Drei Mark kriegst.
GERVAISE Das Kettchen?
TANDLERIN *(schaut kurz hin)* Nix. Kannst bhalten.
GERVAISE *(erleichtert)* Gott sei Dank.
TANDLERIN Wozu brauchts denn das ganze Geld?
MATHIAS Theaterbilletten und Gardrob.
TANDLERIN Theater. Was für a Theater?
GERVAISE Die Duse kommt.
TANDLERIN *(groß)* Eleonora Duse! La grande attrice!! *(trocken)* Die verstehts ihr doch gar net ... Sind die Karten so teuer?

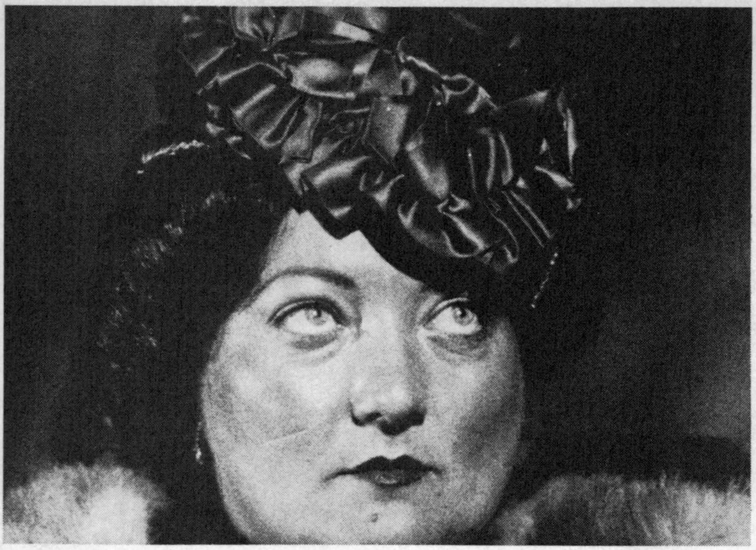

Marianne Sägebrecht als Tandlerin

GERVAISE *(in der Hoffnung auf Milde)* Furchtbar teuer.
TANDLERIN *(ungerührt)* Da kann ma nix machen. Was noch?
GERVAISE Das Album.
TANDLERIN A Fuchzgerl.
MATHIAS *(wie wenn sie Karten ausspielt)* Ein Wintermantel.
TANDLERIN *(schaut genau hin)* Vier Mark.
MATHIAS Überschuh! Gefüttert!
TANDLERIN Zwei.
MATHIAS *(zieht etwas aus ihrer Tasche)* Ein Taufbesteck ...
OTTO UND GERVAISE Mathias! Du spinnst!!
TANDLERIN *(sehr interessiert)* Da kann ich sechs Mark springen lassen.
MATHIAS Zehn!
TANDLERIN Also gut, sieben.
GERVAISE Aber ... Es reicht immer noch nicht.
TANDLERIN *(dreht sich um)* So Herrschaften, dann bis zum nächstenmal.

Sie geht zum Abstieg, wo sie auf Hespera trifft, die ihr wie in einer komischen Beschwörung ein Medaillon entgegenhält.

HESPERA *(flötet)* König Ludwig ...
TANDLERIN *(ganz geifrig)* Der Zweite??
HESPERA Von einem seiner Lakaien!
TANDLERIN Was wollens dafür?
HESPERA Zwanzig Mark.
TANDLERIN Unmöglich!
HESPERA Au revoir!
TANDLERIN Zehn.
HESPERA Zwanzig.
TANDLERIN Fünfzehn.
HESPERA Zwanzig.
TANDLERIN Achtzehn.
HESPERA Zwanzig.
TANDLERIN Ä! *(gibt ihr das Geld).*

Gervaise, Otto und Mathias sind baff. Die Tandlerin verschwindet. Mathias macht einen Purzelbaum auf dem Bretterboden, bleibt sitzen und flötet ...

MATHIAS ... von einem seiner Lakaien ...

Die drei umarmen Hespera, küssen sie, lachen, flüstern aufgeregt durcheinander:

Jetzt haben wir mehr, wie wir brauchen ... für die Tourenkasse ... für den Sommer ...

Straße nahe Nr. 7 **außen / Tag**

Es taut. Matschhaufen. Föhntag.
Durchgehendes Pferd mit Wagen. Ein Bräugespann zieht ruhig vorbei. Mathias geht mit ihrer Schultasche ohne Mantel mit Halbschuhen durch den Matsch. Prof. von Zwinger eilt mit großen Schritten an Mathias vorbei. Im Hintergrund hat sich Herr Lautenschlag in eine Seitenstraße gerettet.

VON ZWINGER Ja, wie bist du denn gekleidet, Mathias?
MATHIAS Wieso? 's wird bald Frühling.

Prof. von Zwinger verschwindet.
Herr Lautenschlag kommt ihr entgegen.

HERR LAUTENSCHLAG Servus, Mathias.
MATHIAS Grüß Gott, Papa.
HERR LAUTENSCHLAG Gehts dir gut?

MATHIAS *(frierend)* Jaja.
HERR LAUTENSCHLAG Servus, ich hab Sitzung.

Mathias ist ganz schief vor Kälte. Da segelt Frau Erlendicht im weiten Radenmantel heran, wie auf Rollen.

MATHIAS *(geistesgegenwärtig)* Ein scheußliches Wetter ... und der Schmutz überall.

Sie will schnell vorbei.
Frau Erlendicht hält sie blitzschnell fest. Nimmt mit ihrem harten Wollhandschuh Mathias' Kinn zwischen zwei Finger.

FRAU ERLENDICHT Ein abscheuliches Wetter. Und welch ein Schmutz überall. Betracht ihn dir wohl, du Kleine.

Sie spricht alles in einem milden Singsang und nähert ihr Gesicht dem von Mathias.

FRAU ERLENDICHT Siehst du, so hat es in eurer Religion ausgesehen, bis Luther kam und aufräumte und Ordnung und Sauberkeit schuf.

Mit einem Extradruck läßt sie das gefesselte Kinn frei.

FRAU ERLENDICHT Adieu, Kleine.

... und rollt weiter.
Mathias steht erst starr da. Dann rennt sie, was sie kann, zur Berichterstattung nach Hause.

STIMME DER ERZÄHLERIN In solchen Fällen war es stets die Mutter, an die man appellierte. Sie hatte am meisten Zivilcourage von allen Lautenschlags. Mit viel Talent stellte sie ihre wohlüberlegten Briefchen her ...

Musikzimmer Lautenschlag **innen/Tag**

Durch das offene Fenster sieht man den Glaspalast. Mme. Lautenschlag steht schreibend am geschlossenen Flügel.

STIMME DER ERZÄHLERIN ... die sie meist mehrmals abschrieb, damit alle Feststellungen aufs beste saßen. So auch diesmal. Und hier gingen ihre Pfeile nicht fehl, denn Frau Erlendicht verstand zu lesen.

Wohnung Erlendicht **innen / Tag**

Frau Erlendicht, einen Brieföffner in der einen, den Brief in der anderen Hand, trommelt, während sie liest, mit dem Zeigefinger auf den Harmoniumdeckel.

FRAU ERLENDICHT Permettez-moi de vous demandez, très chère Madame ... Möchte ich Sie fragen, ob Sie es gouttierten, wenn ich in die Erziehung Ihrer Töchter eingriffe.

Musikzimmer Lautenschlag

Mme. Lautenschlag mit Frau Erlendichts Brief.

STIMME DER ERZÄHLERIN Es vergingen einige Tage, dann erst erfolgte eine in eisigem Ton gehaltene Antwort, zugleich mit der Nachricht von Irmachens und Klärchens Doppelverlobung.

MME. LAUTENSCHLAG *(ruft)* Hespera! Otto! Gervaise! Kommt, schnell, kommt!

Sie kommen.

MME. LAUTENSCHLAG Les leçons! Die Stunden! Die Klavierstunden bei Erlendichts ... sind vorbei.

Sie bläst ein wenig die Backen auf, ulkig, vor Erleichterung. Sie dreht sich einmal um sich selbst und lacht. Man hört auch die anderen lachen und um sie herumtanzen. Man sieht Mme. Lautenschlags vergnügtes Gesicht.

Vor dem Nationaltheater **außen / Abend**

Eine eher schäbige Droschke hält vor dem Hof- und Nationaltheater. Ihr entsteigt Otto, der Hespera und Gervaise aussteigen hilft. Mathias hilft er nicht. Wie sie auf den Boden kommt und die Kutsche anfährt, merkt sie, daß sie nur einen Schuh anhat.

MATHIAS Jessas, mei Schuh! *(schreit)* Halt!

Sie rennt hinter der Droschke her, holt sich ihren Schuh. Zieht ihn an.

MATHIAS Jessas, 's Tascherl! Halt!!

Rennt hinter der Droschke her, holt sich ihr Täschchen raus.

Foyer Nationaltheater **innen / Abend**

Wenig Leute noch.
Ein eleganter Endfünfziger in Uniform mit Stöckchen.

RIED-RECOURS Grüß dich Gott, Scherveß!
GERVAISE Grüß Gott, Herr von Ried-Recours.
RIED-RECOURS Alles wohlauf daheim? Grüß dich Gott, Scherveß!

Mathias stapft daher, als ob sie eine Uniform anhätte. Plötzlich ihr Blick nah. Sie sieht Monsieur Lhombre zwischen zwei Säulen, wie er mit einem anderen jungen Mann kleine Zärtlichkeiten austauscht.
Hespera kauft ein Programm. Hinter ihr sagt eine Dame zu ihrem Mann …

THEATERBESUCHERIN Die Lautenschlagischen! Vollzählig! Die unsern warten brav, bis die Kritik heraus is. Rechnungen net zahlen können und Premierenbilletten kaufen.
MATHIAS *(zu den Geschwistern)* Kommts, lauf ma ganz nauf. Ich mags leere Haus so gern von oben sehn.

Hoch rafft sie den Rock und rennt die Treppen hinauf. Die Geschwister hinterher.

Loge **innen/abend**

Mathias ist lange vor den anderen da. Eine Logentür steht auf. Mathias geht leise hinein. Sie steht vor einem sich küssenden Paar.

MATHIAS *(für sich)* Heut is aber wieder ein Betrieb.

Sie will zurück. Doch die Geschwister drängen nach. Das Liebespaar verläßt die Loge.
Sie schauen hinunter. Der eiserne Vorhang geht hoch. Stimmen und Geräusche hinter der Bühne. Eine Trompete und eine Geige.

HESPERA Ich habs Programm.
DIE GESCHWISTER Laß schauen.

Gesichter der Duse.

DIE GESCHWISTER Ah, da ist sie schön! Nein, hier ist sie viel schöner! Des mag ich am liebsten. Das ist langweilig. Ah, da ist sie am schönsten.

DUSE

Die Schauspielerin Eleonora Duse (1858–1924)

Diele Lautenschlag **innen/Nacht**

Gervaise nähert sich mit einem imaginären Stöckchen unterm Arm dem Vater, der im Türrahmen lehnt. Otto, Hespera und Mathias schauen zu.

GERVAISE Grüß dich Gott, Scherveß! Alles wohlauf daheim? Grüß dich Gott, Scherveß!

HERR LAUTENSCHLAG *(lachend)* Der gute Oberst von Ried-Recours. Bravo, Gervaise. Pardon, Scherveß. Waren die Zwingerischen auch da?

OTTO Denen hats derderder Käslaib sicher net erlaubt.

HERR LAUTENSCHLAG So ... und euch?

MATHIAS Was ... uns?

HERR LAUTENSCHLAG Erlaubt ...

MATHIAS *(unglaublich altklug und hochdeutsch)* Bei uns trägt jeder die Konsequenzen seines Handelns selbst.

Alle sind still und schauen sich an. Nur ein paar Töne, ab und zu leise auf dem Klavier angeschlagen, sind zu hören.

HERR LAUTENSCHLAG *(leise, wie wenn er sich duckt)* Is net dumm ... Das ist nicht dumm, Mathias. Ich muß noch mal ins Büro nunter.

Er geht zur Tür.

Was ich noch sagen wollt ... Störts die Maman nicht. Ein ... Verleger in Paris ... hat heut gschrieben ... Er will ein paar ... von ihren Liedern ... drucken.

OTTO *(aufgeregt)* Ui, jetzt wern wirwir reich. Von dem Geld ...

HERR LAUTENSCHLAG Nein, Otto, nicht von ein paar Lieder ...

Musikzimmer **innen/Nacht**

Blick von der Diele ins Musikzimmer. Die komponierende Mme. Lautenschlag. Sehr leise schlägt sie die Tasten an. Dann schreibt sie die Noten aufs Papier.

STIMME DER ERZÄHLERIN Mme. Lautenschlag war eine Hausfrau in Gottes Zorn ... Da war es schon besser, sie komponierte. Mit der Kritik ihrer Töchter fand sie sich ab. Diese gaben zwar mit Respekt, aber ohne sonderliche Wärme ihre Meinung über die Kompositionen kund. Und während die Mutter emsig ihre Noten schrieb ...

Eßzimmer Lautenschlag **innen / Nacht**

Hespera, Gervaise, Otto und Mathias spielen auf dem Eßzimmertisch Karten.

STIMME DER ERZÄHLERIN ... frönten die Geschwister eine Zeitlang einer anderen Leidenschaft, bei der es auch um Unsummen ging, die noch imaginärer waren.

MATHIAS *(während sie ihre Pfennige festhält zu Otto, aufgeregt flüsternd)* Du hast bschissn, wir sind quitt.

HESPERA Ich bin hundemüde.

DIE GESCHWISTER Hespera, bleib halt noch da. Bitte. Ohne dich is es nix.

OTTO Ich tu auch alles in diediedie Tourenkasse.

Er wirft seine Pfennige in eine große Sparkasse.

GERVAISE Und jetzt holen wir den Hundertjährigen und schaun, wann im September Vollmond is.

MATHIAS *(begeistert)* Und wie's Wetter wird! Ich hol ihn.

Die Gartenmarie streckt den Kopf zur Tür herein.

GARTENMARIE *(flüsternd)* Ja sagts amal, wißt ihr, wie späts is? Drei in der Früh!

HESPERA Gartenmarie, wir ham so einen Hunger.

GARTENMARIE Ich mach euch was.

GERVAISE Also: Vollmond ... is am 19. September.

OTTO Wetter?

MATHIAS Wetter, Wetter! Du laßt immer bloß die andern schuften.

GERVAISE Schön. Mindestens vier Wochen lang.

Mathias drückt die Tourenkasse ans Herz.

MATHIAS Meimeimei, mich zreißts. Ich halts nimmer aus. Ich kanns nimmer derwarten.

OTTO Auweh, jetzt schnappts über!

Die Gartenmarie kommt mit einem Tablett – alles, was sie so in der Küche gefunden hat. Die vier stürzen sich drauf.

Vor Hesperas Zimmer **innen / Nacht**

Herr Lautenschlag kratzt sacht an Hesperas Tür.

HERR LAUTENSCHLAG Mäderl, gehst mit?

Hespera öffnet die Tür einen Spalt, gibt ihrem Vater einen leichten Kuß.

HESPERA Ich komm gleich.

München im Frühling **außen / Anschluß**

Herr Lautenschlag und Hespera gehen durch die frühmorgendliche Stadt.
Sie sitzen im Hofgartenpavillon zusammen auf einer schmalen Steinbank.

HERR LAUTENSCHLAG Brauch mir ... keine Sorgen um dich zu machen ... Mäderl?
HESPERA *(schaut ihn voll an)* Mm.
HERR LAUTENSCHLAG Weiß halt ... garnix mehr von dir ...
HESPERA Mir gehts gut, Papa.
HERR LAUTENSCHLAG *(rasch erleichtert)* Dann is ja recht.

Er steht auf und geht los, als ob er sie schon vergessen hätte.
Sie stehen auf einer Isarbrücke. Herr Lautenschlag schaut Hespera an. Streichelt mit dem Handrücken ihre Wange. Hesperas Gesicht.

HERR LAUTENSCHLAG Gehst schon ... bald weg von uns ...

Hespera schaut ihren Vater an, als ob sie ihre eigene Zukunft aus seinen Augen herauslesen könnte.

HERR LAUTENSCHLAG Wann ...

Hespera lächelt, schüttelt den Kopf. Vater und Tochter stehen und schauen auf die Isar.

Café am Viktualienmarkt **außen / Tag**

Herr Lautenschlag will mit Hespera in ein kleines Café hinein. Zugesperrt. Er versucht durch den Tüllvorhang zu schauen. Da wird aufgesperrt.

KELLNERIN Guten Morgen, Herr Lautenschlag, guten Morgen, Frollein. Ihr seids die ersten.

Herr Lautenschlag und Hespera frühstücken zusammen.

HERR LAUTENSCHLAG Weißt Hespera ... die Ungeduld ... nirgends bleiben wollen ... schon wieder weg ... kann einfach net daheimhocken ... immer raus ... 's Alpinum ... Ausstellungseröffnung ... die Tulpen ... die Rhododendren ... immer erst, wenn ich weg bin ... möcht ich daheim sein bei euch ... ich glaub ... ich bin euch ein ... schlechter ...
HESPERA Nein! Es ist, weil wir alle sechs frei sein müssen. Die Maman ...

HERR LAUTENSCHLAG Die hat die Musik ... Aber die Gervaise ...
HESPERA Die geht zum Theater. Der Otto ...
HERR LAUTENSCHLAG Hör ma auf, der ist bloß faul. Der fallt durchs Abitur.
HESPERA Wird schon nicht ... Der Mathias ...
HERR LAUTENSCHLAG Der Mathias is frech, sonst nix ...
HESPERA Die is schon recht.

Die Kellnerin bringt eine Zeitung.

KELLNERIN Schauns, Herr Lautenschlag, Sie sind in der Zeitung ...
HERR LAUTENSCHLAG Ah ... mhm ... soso ... ja ... gut ...

Das Blatt zeigt den Glaspalast. Einen Einblick in die Blumenausstellung. Den Prinzregenten. Herrn Lautenschlag.
Unterschrift: Morgen, den 25. April, 1889, 10 Uhr, feierliche Eröffnung der Blumenausstellung durch seine kgl. Hoheit, Prinzregent Luitpold.
Der Gestalter der Exposition, Lautenschlag, kgl. bayr. Gartenarchitekt.

Vor dem Glaspalast **außen / Tag**

Frühlingsmorgen. Tusch. Blasmusik.
Blick von Nr. 7, 1. Stock, wo Mme. Lautenschlag und die vier Geschwister auf die Blaskapelle, die weißblauen Fahnen, die Schaulustigen, das sechsspännige Bierfuhrwerk, die Garde, die Hofdamen, die Diplomaten, die Polizei, die Geistlichkeit und auf die Anfahrt der hellgekleideten Prinzen und Prinzessinnen in offenen Kaleschen hinunterschauen.
Unten: Ansichtskarten- und Süßigkeitenverkäufer. Bier wird ausgeschenkt. Kommandorufe. Wind kommt auf. Die wehenden Fahnen, Schleier, Frackschöße, Schärpen.

Haus Nr. 7 **außen / Anschluß**

Aus den drei Stockwerken schauen: Im 1. Stock Mme. Lautenschlag und ihre vier Kinder, im 2. Stock Mme. Lautenschlags Mutter, aus der Mansarde die Gartenmarie.
1. Stock, nah.

OTTO Da is er!
MME. LAUTENSCHLAG Ou est-il?
GERVAISE Da, Maman, links vom Entrée. A gauche. Là ... là!

MATHIAS Und immer mit dem schäbigen Rock. *(Sie ruft nach oben)* Habts ihn gsehn? Grand-mère?

Auch Mme. Lautenschlag schaut hinauf, gerade in dem Augenblick, wo sich ihre Mutter mehr und mehr hinausbeugt.

MME. LAUTENSCHLAG Maman!!!

Stürzt vom Fenster weg.

Zimmer von Mme. Lautenschlags Mutter innen / Anschluß

Mme. Lautenschlag stürzt ins Zimmer und reißt ihre Mutter an den Beinen vom Fenster weg.

MME. LAUTENSCHLAG Maman, Maman, qu'est-ce que tu fais encore? Mon Dieu, mon Dieu!

Die alte Dame gibt ihrer Tochter eine Ohrfeige.

STIMME MATHIAS Is was passiert, Maman? Brauchst uns?

Mme. Lautenschlag läuft zum Fenster, ruft hinunter ...

MME. LAUTENSCHLAG Non, non, ça va comme ça.

Böllerschüsse von draußen. Blasmusik. Mme. Lautenschlag schließt das Fenster.

Vor dem Glaspalast außen / Anschluß

Dichtgedrängte Reihe von Schaulustigen. Kinder werden hochgehoben. Polizisten sichern, nicht allzu gewissenhaft, den freien Raum, in den nun eine Kalesche fährt. Ein junger Mann steigt aus. Beifall. Bravorufe.

FRAU MIT DACKEL AUF DEM ARM Bravo! Prinz Alfons! A leichtsinniger Deifel, a ganz a leichtsinniger! Bravo!

Tusch. Böller. Wind.
Ein junges Mädchen steigt aus der Kalesche.

ÄLTERER MANN, AUF FLASCHENGUMMI KAUEND Bravo! *(Er klatscht.)* D' Elvira. Gut beinand, d' Elvira.
POLIZIST Die dad dir gfalln.
ÄLTERER MANN ... Dir vielleicht net?

Die Kalesche mit dem Prinzregenten. Er steigt aus. Beifall.

KUTSCHER Vorsicht, Majestät.

Der Prinzregent steigt aus. Er grüßt freundlich in die Menge.

KUTSCHER Jetzt sans in an Roßbollen neitretn, Majestät.

Herr Lautenschlag tritt vor, begrüßt den Prinzregenten.
Der Prinzregent winkt in die Menge.

PRINZREGENT Grüß Gott, dankschön, dankschön, Grüß Gott ...

Er lächelt einer älteren Frau in der Reihe zu. Die ältere Frau lächelt ebenso jovial zurück.
Herr Lautenschlag führt den Prinzregenten weiter, damit er sich zu den Prinzen, Prinzessinnen, Offizieren, Ministern, zum diplomatischen Korps und dem Klerus auf die breite Treppe vor das Hauptportal begibt.
Ein Fotograf arrangiert Gruppenbilder.
Dann verschwinden die Offiziellen zur Eröffnung der Ausstellung.

Haus Nr. 7 **außen / Anschluß**

Im 1. Stock schlagen die leeren Fenster im Wind, im 2. Stock sind die Fenster geschlossen. Nur die Gartenmarie schaut aus ihrer Mansarde.

Musikzimmer **innen / Tag**

Spätnachmittag. Geschlossene Vorhänge. Hespera schlägt den Vorhang etwas zurück, öffnet das Fenster, schaut raus. Schaut zurück zum Klavier, wo Mme. Lautenschlag, zusammengesunken, in sehr verlangsamtem Tempo einige Takte des Tristanvorspiels anschlägt.

HESPERA Komm, Maman, geh halt mit uns runter. Lenk dich halt ein bißl ab.

Von der Tür aus Mathias, ungewohnt zart.

MATHIAS Es sind fast keine Leut mehr draußen, Maman.

Hinter ihr kommt Gervaise zum Vorschein.

GERVAISE Ja, Maman, wirst sehen, wie dir das guttut.

Neben ihr erscheint Otto.

OTTO *(leise, aber holprig)* Ich war scho druntn, hat derderder Papa ganzganz fein gemacht.

MME. LAUTENSCHLAG *(mit einem kleinen Seufzer, leise)* Alors, allons-y ...

Sie lächelt ihren Kindern zu.

Glaspalast **innen/Tag**

Ein Kontrolleur führt Mme. Lautenschlag und ihre Kinder herein.

KONTROLLEUR So, gnä Frau, bittschön, der junge Herr und die Frollein, eine halbe Stund hamma noch auf.

Mathias gibt ihm ein Trinkgeld und schaut die anderen entsprechend selbstbewußt an.
Ein kleines Orchester spielt auf einer Empore die Ouvertüre zu »Die diebische Elster«.
Die Kinder wollen zu ihrer Mutter besonders nett sein. Sie bleiben stehen und betrachten das »Erste Bild«. Sie sind vom Fach, das sieht man genau.

MATHIAS *(stolz)* Kann nur der Vater! Macht ihm keiner nach! Das ist eine Handschrift!

Otto gibt Gervaise einen Renner, weil eine Frau gerade ihren Mann herbeiwinkt und Zeichen von hochgradiger Begeisterung macht.
Die Ausstellung besticht in ihrem Geschmack. Hier ist nichts »nur Buntes«. Kleine Kieswege, gestutzte Hecken, ein blühender Busch mit einer schönen Figur, eine bewachsene Tuffwand, ein Flecken mit Schneeglöckchen – so wird der Besucher langsam zu den üppigeren Dingen herangeführt. Dann kommen stärkere Farben, aber nie auftrumpfend.

MATHIAS *(zu Hespera)* Daß sich der Papa nicht einmal einen fescheren Anzug machen laßt.
HESPERA Dem Vater ist sowas nicht wichtig, das weißt doch.
MATHIAS Ja, aber auf uns fallts, wenn d'Leut d'Nasn naufziehn wegen dem schäbigen Gwand.

Plötzlich tritt das Ehepaar Zwinger samt Söhnen und Töchtern hinter einer Hecke hervor. Einen Augenblick stehen sich die beiden Heere stumm gegenüber. Dann tönt Prof. von Zwinger etwas zu laut ...

VON ZWINGER Bon soir, Madame ...

Mme. Lautenschlag gibt Mrs. von Zwinger die Hand.

MME. LAUTENSCHLAG Comment allez-vous, Madame von Zwinger?
MRS. VON ZWINGER How do you do, my dear, Frau Lautenschlag?
VON ZWINGER *(gleichzeitig)* Also, superb, was? Unübertroffen! Ein wirklicher Meister seines Faches, Ihr Gatte. Und dabei die Einfachheit. Es sieht aus, als hätte es fast nichts gekostet. *(schaut in die Runde)* Wenn man mich da ranließe, hahaha, ich hätte das alles sicherlich viel prächtiger, hahaha, aber auch viel teurer ...

MATHIAS *(zu Hespera)* Der Hornochs, der amusische. *(laut)* Komm, Candida, ich zeig dir was.
MRS. VON ZWINGER *(mit strengem Blick)* Candida!!

Blick auf die Verführerin Mathias.

CANDIDA Ach, Motherle.
MME. LAUTENSCHLAG Excusez-moi, Madame, cher Docteur, un moment, s'il vous plaît ...

Sie geht mit Prof. von Zwinger zur Seite. An ihrem Gesicht und ihren Gesten merkt man, daß sie ihm den Vorfall mit der Mutter schildert. Mrs. von Zwinger, ihre zwei Söhne und zwei Töchter haben eine ältere Dame begrüßt. Die Töchter knicksen, die Söhne dienern.

MATHIAS *(von weiter weg)* Tobby! Gehst mit?

Mrs. von Zwinger hält ihren Sohn am Handgelenk zurück.

MRS. VON ZWINGER *(zischt)* Die kleine Schlange!

Hespera steht vor den Schneeglöckchen.
Victory und Gervaise haben sich ein paar Schritte von den anderen entfernt.
Mathias sieht, wie Lhombre mit gezierten Bewegungen mit demselben jungen Mann wie im Theater spricht, um einen Busch herumkommt und Gervaise entdeckt, seine Haltung ändert, Gervaise begrüßt, worauf Victory rasch zu seiner Familie zurückgeht.

MATHIAS *(zu Candida)* Du, ich mach jetzt die Radprüfung. Das ist sensationell! Das mußt du unbedingt auch machen.

Otto kommt dazu.

MATHIAS Danach lern ich Einradfahren. Kunststückln und so.
OTTO Dadada kannst auftreten. Einfach so, auf der Straßn. Und ich gehgeh rum danach und kassier. Mensch, Mathias, wenn wir dasdas achtmal im Monat, des gibt jedesmal mindestens ...
HESPERA *(ruft)* Otto!

Otto geht zu ihr rüber.
Hespera schaut zu Lhombre, der sehr ernst vor Gervaise steht.

HESPERA *(zu Otto)* Hast dein Latein gemacht?
OTTO *(stöhnt)* Mensch, fang net du auch an mitmitmit dem Mist.
HESPERA *(schaut zu Lhombre, leise)* Luzifer!
OTTO *(dumm)* Was? Was hast?

Hespera streicht ihm nett über die Nase.

Historische Photographie: Max Kolb (Herr Lautenschlag), dritter von rechts, führt den Prinzregenten Luitpold, in hellem Gehrock, durch den Glaspalast

HESPERA Nix, Brüderl, nix.

Mathias mit Candida beim Orchester. Mathias dirigiert mit.

MATHIAS Lieb macht er das, der kleine Kapellmeister, net übel.
CANDIDA Du sagst das so komisch, so von oben herab.
MATHIAS Weil ich was davon versteh. Von der Maman her.

Dirigiert mit. Gibt eine kleine Vorstellung. Sehr pfiffig.

MATHIAS *(Brustton)* Weißt, was ich einmal werd, Candida?
CANDIDA Pianistin vielleicht?
MATHIAS Mais non, ma petite, Dirigentin!!
CANDIDA *(offener Mund)* Aber ... aber das ist doch ein Männerberuf.
MATHIAS *(kräht)* Hat der Luther gsagt, das Dirigieren ist ein Männerberuf oder sogar der liebe Gott persönlich? *(dirigiert)* Meinst vielleicht, weil der Taktstock so schwer zum Heben ist? *(dirigiert, schimpft)* – Männerberuf! Frauenberuf! Schmarrn!! Altmodischer!!!

Nymphenburg, Auffahrtsallee **außen/Tag**

Ein Fahrradlehrer mit einer Gruppe von etwa zehn Schülern auf Rädern, darunter Mathias, zwei feine Damen um die vierzig, ein Schnösel, ein gemütlicher Pensionist, ein Besserwisser, eine Frau im Dirndl.

FAHRLEHRER *(hebt die Hand)* Halt!

Die Gruppe hält. Der Schnösel fällt beim Absteigen in die beiden Damen. Der Besserwisser ist empört. Der Pensionist grinst.

FAHRLEHRER Also, Herrschaften, absteigen nach der Regel sollte nun aber gekonnt sein!

Tobby von Zwinger kommt angeradelt.

TOBBY Grüß Gott, ich ä ... hab mich verspätet.
FAHRLEHRER Grüß Gott, Herr von Zwinger, das sehen wir.
MATHIAS Mensch, Tobby, ich wußte gar nicht, das ist toll, daß du ...
TOBBY *(eher kühl)* Grüß dich, Mathias, die Gervaise ist auch ...
MATHIAS *(merkt, woher der Wind weht)* Wie kommst denn du da drauf?
FAHRLEHRER Meine Herrschaften, heute möchte ich Sie mit der Situation vertraut machen, wenn Ihnen ein Automobil begegnet. Dabei kommt es vor allem darauf an ...

Eine Droschke hat sich genähert.

MATHIAS *(zu Tobby)* Is das dein eigenes Rad?
TOBBY Ja.
MATHIAS Du hast's gut.

Die ganze Fahrradgruppe steht auf der Straße an einer Straßeneinmündung. Die Droschke kommt näher.

MATHIAS Wir haben am Donnerstag einen großen Tee. Ich könnt dich einladen.
TOBBY Ich kann nicht.

Der Schnösel hebt der jungen Frau im Dirndl ihren Handschuh auf, schaut ihr über die Schulter in den Ausschnitt. Mathias beobachtet die Szene (Augen!). Sie schaut zu Tobby.
Aus der Nebenstraße kommt ein Automobil. Hupen. Die Fahrschüler wollen die Straße räumen, dabei geraten die Räder ineinander. Der Autofahrer lacht. Der Kutscher schimpft, der Fahrlehrer reißt ein Schild »Fahrradschule« hoch, fuchtelt damit.

Küche Lautenschlag **innen / Abend**

Mathias, Gervaise und Hespera machen Marrons glacés. Vater Lautenschlag langt hinter ihrem Rücken eine weg.

HERR LAUTENSCHLAG Ein Luxus! Wer zahlt das alles? Im Salon brennt schon wieder das Licht.
MATHIAS Der päpstliche Nuntius hat zugesagt, Papa, und der französische Gesandte, und wenn wir Glück haben, kommt sogar die abgedankte Königin ...
HERR LAUTENSCHLAG Mathias, hör auf, das ist ja graußlig.
GERVAISE Der Mathias ist halt der Snob der Familie.
HERR LAUTENSCHLAG Aber das braucht sie nicht einem jeden auf d' Nasn binden.
MATHIAS Bist nicht jeder!

Otto drängt rein, will auch eine Marone nehmen.

MATHIAS *(schreit)* Nein!
HESPERA *(sanft)* Otto, was ist mit Latein?
OTTO Hab nix auf.
MATHIAS Der will blöd bleiben.

Herr Lautenschlag winkt Hespera lächelnd zu und verdrückt sich. Otto will wieder an die Maronen.

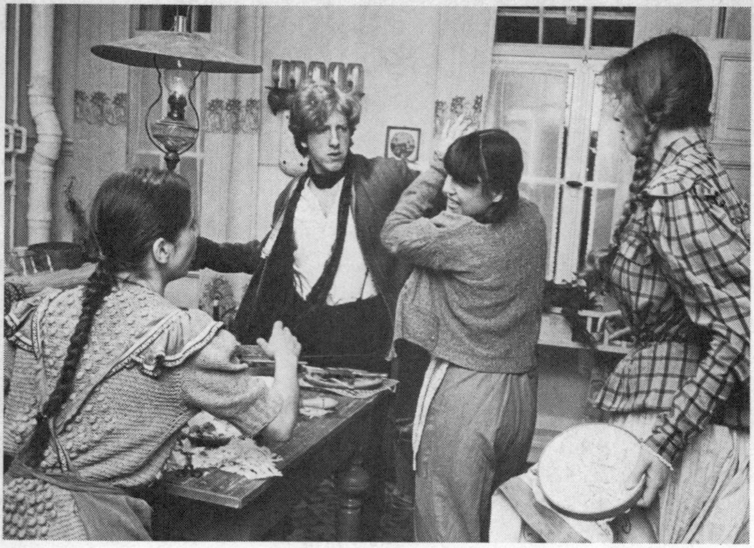

MATHIAS Du kriegst nix!
OTTO Blöde Gagagans!
MATHIAS Bleibst sitzen wie voriges Jahr.
OTTO Mir doch wurscht.
MATHIAS Wirst halt a Zündhölzlverkäufer.

Otto greift nach den Maronen. Mathias schmiert ihm eine. Otto wird jähzornig, haut zurück. Hespera dazwischen. Sie haßt das.

OTTO Mistviech, greißligs.

Mme. Lautenschlag unterbricht ihr Klavierspiel.

MME. LAUTENSCHLAGS STIMME Mais qu'est-ce qui se passe encore?

Sie erscheint in ihrer Tür.
Otto läuft zur Haustür, schreit . . .

OTTO *(zu Mathias)* Du kriegst nie an Mann!

Mathias: die Augen. Das ging tief rein bei ihr.

MME. LAUTENSCHLAG Warum müssen die Deutschen immer so grob sein?

Herr Lautenschlag kommt zurück.

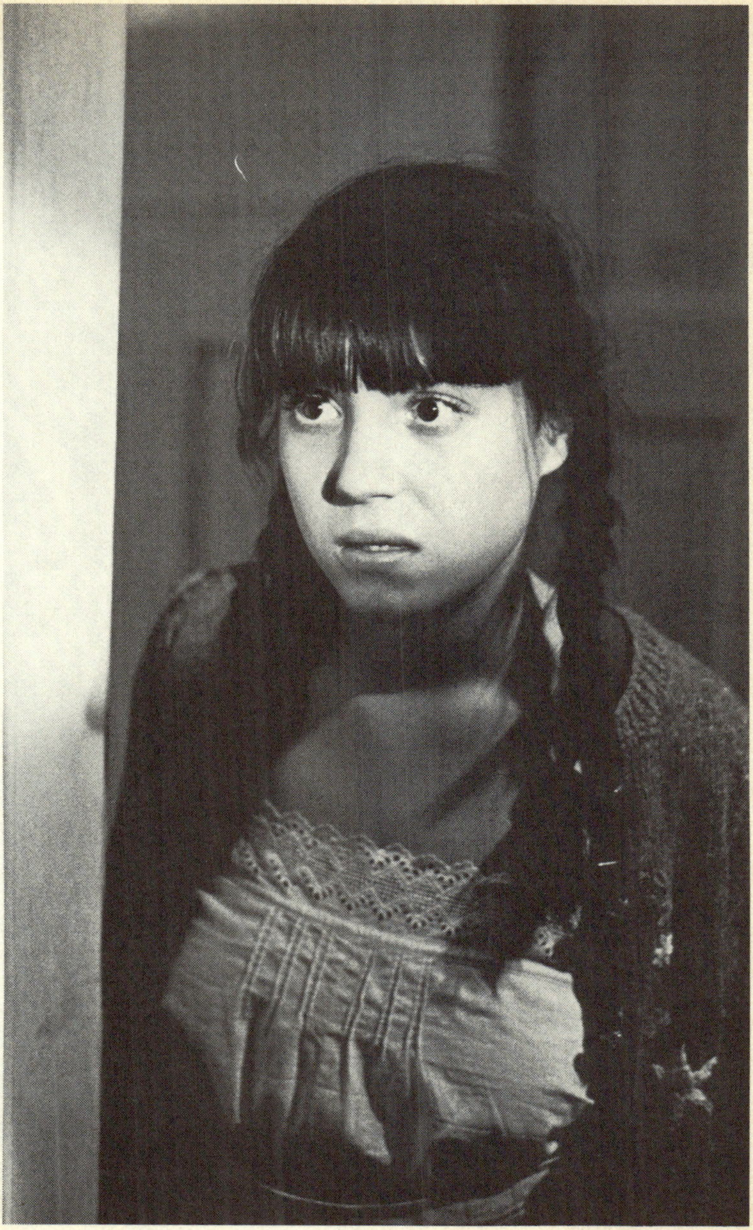

HERR LAUTENSCHLAG *(zu seiner Frau)* Hab grad die Blumen für morgen bestellt.
MME. LAUTENSCHLAG Merci, mon cher. S'il te plaît nous avons encore besoin d'un peu d'argent.
HERR LAUTENSCHLAG *(greift nach seiner Börse)* Die kleinen Ausgaben bringen uns um.
MME. LAUTENSCHLAG Pardon, mon cher.
HERR LAUTENSCHLAG Les petites dépenses nous ruinent.

Gibt ihr das Geld.
Mme. Lautenschlag schaut ihn dankbar, aber selbstbewußt an.

Salon / Diele / Musikzimmer Lautenschlag innen / Tag

Salon. Schönes Morgenlicht. Mme. Lautenschlag und Hespera stellen Blumen auf, ordnen sie. Alles zarte Farben. Offene Fenster. Leicht wehende Gardinen.
Gervaise bringt Gläser auf einem Tablett.

MME. LAUTENSCHLAG *(am Fenster)* Ah, que l'air est bon!
HESPERA Ja, Maman, Frühling.

Herr Lautenschlag von der Diele aus ...

HERR LAUTENSCHLAG Hab euch noch ein paar lilia longiflora gebracht.

Streckt den Kopf rein.

Tu vas bien, Valérie?
MME. LAUTENSCHLAG Oui, Max, merci, mon cher.

Sie ist ganz beschwingt. Anders als sonst.
Mathias, von der Diele aus, klein, weit weg, vorne immer Mme. Lautenschlag und Hespera ...

MATHIAS Herrschaft, ich bin schon so aufgregt.

Otto dazu.

OTTO Bist mir noch bös?
MATHIAS Was fragst denn?
OTTO Dann schlag ein.

Sie patschen die Hände zusammen.

MATHIAS Aber die Maronen verteil nur ich! Die hab ich gstift, von meinem Geld. Herrschaft, bin ich aufgregt!
GERVAISE *(mit Geschirr)* Kommt die Candida?

Mathias stapft ins Musikzimmer zum Flügel, spielt ein Menuett, immer ihre Sätze akzentuierend.

MATHIAS Die Candida, die Candida. Später vielleicht. Die haben doch drüben schon wieder so einen Wohltätigkeitstee. Den fünften schon den Monat. Weils net wissen, wohin mit dem Geld. Mit Hartwürschten, soo lang! Und Streichwürschten, soo dick! Und Kilodosen Marmalad aufm Tisch. Und mit Schwiegersöhnen in spe. Münchner Geschäftsleut, zur Mischung mit den Preußen. Alle gut eingsäumt. Und mit der Witwe Erlendicht, der süßen Helfdirnicht, und ihrer zuckersüßen Rede, ihrer widerlichen.

MME. LAUTENSCHLAG *(schreit)* Halt deinen frechen Mund, Mathias, ça suffit, ça suffit vraiment.

Die ganze Stimmung ist ihr verdorben.

Wohnung Lautenschlag innen/Tag

Nachmittag. Mathias, in ihrem windschiefen Theaterkleid, schaut durch einen Vorhangspalt hinunter auf die Straße, wo ein paar Kutschen stehen. Grade kommt noch eine dazu.

MATHIAS *(für sich)* Sie stauen sich schon richtig. Vor unserem Haus stauen sich die Kutschen.

Ihre Augen. Sie sieht etwas.

MATHIAS Pfeilgrad. Die Königin.

Blick auf die Straße, wo sich eine sehr alte Dame von weit weg zu Fuß nähert.

MATHIAS Zu Fuß kommt's. Eine Kutschn weniger.

Diele Lautenschlag innen/Tag

Vier Lakaien in langen Mänteln sitzen in der Diele. Einer hebt die Augen kritisch zur verrußten Decke. Bedeutungsvoller Blick zum Nachbarn. Der nickt.

1. LAKAI *(»unauffällig« aus dem Mundwinkel)* War der Maler scho lang nimmer da.

2. LAKAI *(nähert seinen gutgewichsten Stiefel einer eisernen Ofentür)* Holzfeuerung haben die noch.

1. LAKAI Staatliches Holz ... freilich ...

Gervaise, die mit einem kleinen Tablett hinter der Küchentür steht und alles mitverfolgt.

1. LAKAI ... als Beamter ...
2. LAKAI So ... a Beamter ... daß meine Herrschaft da hergeht ...
3. LAKAI Der Lautenschlag hat die Blumenausstellung da druntn gemacht.
2. LAKAI Ich hab gmeint, die haben die Gärtner gemacht ...
3. LAKAI Du weißt schon – alles arrangiert und so ... Er is schon was Besonderes.
4. LAKAI Mhm, des Vestibül ist auch was Besonderes ...
2. LAKAI ... bsonders engbrüstig!

Gervaise kommt mit ihrem kleinen Tablett aus der Küche.

GERVAISE Mögens einen Enzian, die Herrn?
2. LAKAI *(steht sofort auf)* Bin so frei, gnä Fräun.

Stadtgarten der Baronin James **Tag**

Die Baronin James, um die fünfzig, weltoffen, liberal, mit schwer lokalisierbarem Akzent, böhmisch? jiddisch? herzlich, aber nicht zu sehr, eigenständig. Sie steht vor ihrem Gartenpavillon, in dem gerade der Frühjahrsputz stattgefunden hat, Stühle und Pflanzkübel werden hineingetragen.

BARONIN JAMES Kommt, laßt es genug sein für heute, Kreszenz. Sie degradieren mich ja zur Sklavenhalterin, wenn Sie so schuften.
KRESZENZ Mir können doch de Möbel net heraussenlassn, d' Nacht über.
BARONIN JAMES Joseph, helfen Sie bitte der Kreszenz noch die Möbel reintragen und dann aber Schluß.

Hinter ihr, weiter weg, geht Herr Lautenschlag im Garten herum. Steht, schaut.
Die Baronin James nimmt ein Kleidungsstück von einem Gartenstuhl, schwenkt es, daß es in einem Bogen fliegt.

BARONIN JAMES Herr Lautenschlag, ich habe was für Sie.
HERR LAUTENSCHLAG *(erwartungsvoll)* Für mich?
BARONIN JAMES Ah, ich hab Sie ertappt, mein lieber Freund, das Kind in Ihnen liebt Geschenke.
HERR LAUTENSCHLAG *(ungeschickt)* Die Sachen sind's eigentlich nicht ...
BARONIN JAMES *(schaut ihn forschend an)* Nicht? Warten Sie, es ist

... es ist nur der Moment ... der Moment, wo das Herz anschlägt ... wo die Schaukel hochschwingt. Stimmts?

HERR LAUTENSCHLAG *(scheu)* Könnt schon sein.

BARONIN JAMES *(schwingt den kleinen Umhang mit den zwei langen Bändern noch einmal)* Also, das ist für Mathias. Ein Gruß aus ihrer Mutterstadt Paris.

HERR LAUTENSCHLAG Für den frechen ...

BARONIN JAMES Die ist nicht frech. Das ist nur eine, die jetzt schon spüren läßt, daß sie auch ohne einen von euch Beschützern durchs Leben finden wird ...

Sie gehen.
Das Besondere an diesem Garten ist, daß er groß wirkt, aber klein ist, daß er in der Stadt zwischen Häusern liegt, aber etwas Landschaftliches hat.
Die Baronin James schaut Herrn Lautenschlag an und legt ihre Hand auf seinen Arm.

BARONIN JAMES Was Sie aus diesem Stück Stadtgrund gezaubert haben ...

Sie gehen.

BARONIN JAMES Aber wie ist's mit Ihrem Tee. Bei Ihnen daheim ist doch heute große Soirée.
HERR LAUTENSCHLAG Sie habens vorverlegt auf jetzt ...
BARONIN JAMES *(lächelt)* Und Sie sind mal wieder davon ...

Herr Lautenschlag schaut zu Boden.

BARONIN JAMES Nein, Gesellschaftslöwe sind Sie keiner.

Sie gehen.

BARONIN JAMES Und warum auf den Nachmittag verlegt?
HERR LAUTENSCHLAG Weil heut so eine junge Sängerin protegiert werden soll ... also vorsingen soll ... und der Hofmusikdirektor kann nur am Nachmittag. Sie müßten den Mathias gsehn ham, den zerreißts fast vor Aufregung.

Salon Lautenschlag **innen / Tag**

Mme. Lautenschlag in ihrer gemütlichen Ecke mit dem französischen Gesandtenehepaar und dem römischen Nuntius.
Der Hofkapellmeister sitzt oder liegt fast in einem tiefen Sessel, einen Arm von sich gestreckt, mit dem er, er sieht kaum hin, verwöhnt Marons glacés von Mathias erhält, die ihm beflissen das kleine Tablett hinreicht.
Gervaise bietet Tee an.
Die abgedankte Königin versucht, mit einem Kaffeelöffel einem zu harten Stück Zwetschgenkuchen beizukommen. Sie winkt Hespera herbei.

KÖNIGIN Könnten Sie mir vielleicht eine Kuchengabel bringen, mein Liebes?
HESPERA Tut mir leid, Hoheit ...
KÖNIGIN Warum nicht, mein Liebes?
HESPERA Wir haben keine, Hoheit.

Die Hoheit äugt.
Der Hofkapellmeister nimmt verwöhnt eine neue Marone von Mathias.
Die Frau des französischen Botschafters war aufgestanden und will auch eine nehmen. Mathias macht eine blitzschnelle Drehung mit ihrem Tablett, als ob sie sie nicht gesehen hat.
Candida steht mit dem blassen Assessor in der Tür zum Musikzimmer.
Sie beobachten die taktischen Züge von Mathias; sie amüsieren sich köstlich.
Mathias steht in der Tür zum Eßzimmer und teilt mit Stirnrunzeln seine Marons glacés ein, fällt Entscheidungen, macht sie rückgängig.
Lhombre steht mit dem preußischen Prinzen an einem Fenster.

LHOMBRE *(ruft)* Gervaise, s'il vous plait.

Gervaise kommt mit dem Tee.

LHOMBRE *(zum Prinzen)* Voilà, Mademoiselle Lautenschlag. Seine königliche Hoheit, Prinz Carl Alexander von Brandenburg.

Gervaise gibt ihm die Hand, macht einen Knicks.

GERVAISE Ich freue mich, königliche Hoheit.
LHOMBRE Prinz Alexander ist Musikkenner. Er ist fast täglich in der Hofoper.
PRINZ Ja, besonders wenn die Danzi singt.
GERVAISE Oh, haben Sie ihre Fiordiligi gesehen?
PRINZ Öfter, mit dem göttlichen Strohberger.
GERVAISE Der ist mir zu weichlich.

Der Prinz und Lhombre sehen sich an.

GERVAISE Excusez-moi, Messieurs ... *(schaut auf den Tee)* ... ich habe Verpflichtungen.

Mathias steht vor dem Büfett, die Auswahl ist nicht groß, wenige dünnbestrichene Brötchen, der harte Zwetschgenkuchen und ihr Tablett mit den Marons glacés.
Sie zählt, überlegt.
Der Maler Habermann tritt hinter sie, nimmt sich ein Brötchen, sie schrickt herum, nimmt ihr Tablett mit den Marrons glacés.
Candida und der blasse Assessor beobachten sie vom Nebenzimmer aus, sie lachen, sie kommen sich sehr nah, gleich wird er sie küssen.
Mathias bietet der kleinen Sängerin, die allein in einer Ecke sitzt, die Marons glacés an.

KLEINE SÄNGERIN *(ihre Aufregung unterdrückend)* Nein, ich darf jetzt nichts Süßes ... das ist ... das ist schlecht für die Stimme.
MATHIAS *(vertraulich)* Ich frag die Maman, ob es losgehen kann.
KLEINE SÄNGERIN Nein bitte ... bitte noch nicht.

Ganz steif und blaß sitzt sie da.

HESPERA Darf ich Ihnen Herrn von Habermann vorstellen.
KÖNIGIN Habermann! Der Maler?
HABERMANN Ja.
KÖNIGIN Wie freue ich mich ... setzen Sie sich her ... ich liebe Ihre Porträts.
HABERMANN Das freut mich. Wir ... sind die letzten, glaube ich. Die Fotografen, das sind die neuen Porträtisten.
MATHIAS *(vorlaut)* Die Fotografie, die zeigt doch bloß das Äußere.

Das ist doch banal. Das ist doch keine Kunst. Die Malerei, die richtige, die fangt doch erst an. Die Maler, die müßten halt mehr von innen her arbeiten.

LHOMBRE *(vom Fenster aus)* Das weiß Herr von Habermann sicher besser, Mathias ...

Mme. Lautenschlag beginnt zu spielen.

PRINZ *(zu Lhombre)* Ich möchte wissen, woher diese Leutchen ihren Ruf haben, gereicht wird eigentlich nichts, die Tapeten sind verrußt, der vorlaute Fratz – und dabei die exquisiten Gäste.

LHOMBRE Die Antwort ist ... München, mein Lieber. Der Föhn vielleicht. In München gelten andere Spielregeln. Die Standesunterschiede ... das ist anders wie bei euch im Norden.

SCHAUSPIELER *(zu Habermann)* Wissen Sie, warum Ibsen nach München kam und nicht mehr wegwollte?

HABERMANN Nein.

SCHAUSPIELER Weil er näher an Italien war und weil er, ich zitiere, »die Annehmlichkeit hatte, unter Katholiken zu leben, die in Deutschland unbedingt den Protestanten vorzuziehen sind«.

PRINZ Ich höre immer vom Föhn. Ich habe nie etwas davon bemerkt. Das ist doch ein Märchen.

DER NUNTIUS Da bleiben Sie nur ein paar Jahre hier mein Freund, dann wissen Sie, was Föhn ist.

HOFKAPELLMEISTER Wenn ich mich verzähle, dann muß noch keiner sein, aber wenn mein Paukist sich verzählt, dann hamma einen.

LHOMBRE *(belehrend)* Der Föhn ist einfach ein sehr rasch erwärmter Wind, der von den Alpen herunterströmt, die Köpfe verwirrt und die Eigenart hat, daß sich die Menschen nicht an ihn gewöhnen, sondern mehr und mehr darunter leiden.

Die kleine Sängerin hat begonnen, die Cavatine der Barbarina aus Figaro zu singen.
Mathias füttert den Dirigenten, dessen kritischer Blick in Wohlwollen übergeht, mit Marons glacés.
Der bleiche Assessor küßt Candida. Die Augen des Mathias sehen es.
Lhombre hat seinen Arm um die Taille von Gervaise gelegt.
Der preußische Prinz macht sein musikalisches Gesicht.
Applaus. Der Dirigent geht zur kleinen Sängerin, gibt ihr ein paar Anweisungen, bittet Mme. Lautenschlag, die Cavatine noch einmal zu begleiten, führt die kleine Sängerin mit ausdrucksvollen, professionellen Bewegungen eine Strecke weit, bricht ab, küßt Mme. Lautenschlag die Hand, nimmt die kleine Sängerin am Arm und verläßt mit ihr den Salon.

Mathias kann sich nicht beherrschen und schlägt vor Freude eine Faust in die offene Handfläche, daß es patscht.
Die Hände Lhombres und des Prinzen streicheln sich hinter dem Vorhang.
Herr Lautenschlag erscheint in der Tür.

DER NUNTIUS Ah, der Hausherr, kommen Sie, wir wollen noch ein wenig zusammen politisieren.

HERR LAUTENSCHLAG *(mit einer höflichen, aber abwehrenden Bewegung, schüchtern)* Verzeihung, lassen Sie sich durch mich nicht ... ich wollt Sie nur aufmerksam machen ... auf ein Naturspektakel ...

Hinter ihm bricht die untergehende Sonne herein. Alles drängt zur Tür. Musik.
Die Sonne geht hinter dem Glaspalast unter. Die riesigen Glasscheiben stehen wie in Flammen.

DIE GÄSTE Magnifique! Prachtvoll! usf.

MME. LAUTENSCHLAG *(beklommen)* On dirait qu'il brûle.

KÖNIGIN Er ist nicht brennbar, meine Liebe. Das Monstrum wird München für immer erhalten bleiben. Es ist nur aus Glas und Metall. Abscheulich.

Straße vor Nr. 7 **außen/Tag**

Spätes Licht.
Frau Erlendicht mit Irmachen und Klärchen kommt vom Zwingerschen Wohltätigkeitstee.
Candida ihnen entgegen.

FRAU ERLENDICHT *(süßlich)* Du hast uns gefehlt, Candida ... außerdem wärst du zu Hause satt geworden.

CANDIDA Ich bin nicht hungrig.

FRAU ERLENDICHT Wen konnte man denn heute bestaunen?

CANDIDA Der Hofkapellmeister war da. Und der Maler Habermann.

FRAU ERLENDICHT Vorsicht, Kind, das ist einer der Sozialisten. Wie dieser Leibl. Oder dieser schreckliche Franzose, dieser Millet. Kunst sollte die Dinge verklären. Daß das Leben hart sein kann, wissen wir auch ohne diese Leute.

Wohnung Lautenschlag/Salon **innen/Nacht**

Die Gäste sind weg. Der unaufgeräumte Salon.
Vater Lautenschlag lehnt am Kamin. Mme. Lautenschlag und die Ge-

schwister sitzen und stehen um Gervaise herum, die sich zwei Stühle in die Mitte gezogen hat und sich auf den einen setzt.

GERVAISE Und ich bin hinter der Küchentür gstanden mit meinem Enzian ...

lümmelt sich hin

GERVAISE *(als Lakai)* ... war der Maler scho lang nimmer da
(der andere Lakai)
Holzfeuerung haben die noch ...
(anderer Lakai)
... staatliches Holz, freilich ... als Beamter ...
(anderer Lakai)
So ... a Beamter ... daß meine Herrschaft da hergeht ...

Die anderen freuen sich.

GERVAISE *(als Gervaise)* Mögens an Enzian, die Herren?

Sie spielt die Lakaien, wie sie aufspringen.

GERVAISE Bin so frei, gnä Fräun.

Alle lachen, besonders Herr Lautenschlag.

GERVAISE An Mathias hättst sehn sollen, Papa.

Sie macht Mathias mit den Marons glacés nach.

GERVAISE Da sitzt der Hofkapellmeister ... und die da füttert ihn quasi ... wie an jungen Seehund ... dann wollt die Mme. Contenay auch eine Marone. Hopp, hat der Mathias eine Pirouettn gmacht.

MME. LAUTENSCHLAG *(zu Herrn Lautenschlag)* Danke, mein Lieber. Mein kleiner Salon hat mir wieder einmal sehr gutgetan ... Et tes belles fleurs.

Herr Lautenschlag dreht sich mit dem Rücken zu den Kindern und küßt seine Frau.

MATHIAS *(leise)* Der Otto hat schon wieder einen Bollen im Strumpf.

Gervaise läßt ihre Schuhe in die Ecke fliegen.

GERVAISE Ich hab den größten Bollen! Wer hält mit, zum ersten ... zum zweiten ...

Hespera zieht lachend einen Schuh aus. Ein kleines Loch.

GERVAISE Kleiner! Mathias?

Mathias zieht ihre Schuhe aus. Mehrere kleine Löcher.

GERVAISE Kleiner!

Gervaise zu ihrem Vater.

GERVAISE Monsieur?

Herr Lautenschlag zieht die Schuhe aus. Vorne keine Löcher. Er dreht sich um. Ein Riesenloch in der Ferse.

DIE GESCHWISTER Größer! Plus grand! Bravo!

GERVAISE Madame?

Mme. Lautenschlag tritt in die Mitte der Arena und zieht, ganz Dame, einen Schuh aus. Die kleine Zehe schaut heraus. Lachen. Sie zieht den andern Schuh aus. Aus einem Riesenloch schaut der große Zeh.

DIE ANDEREN Gagné, gagné, gewonnen!

Alle verstummen plötzlich, weil in der Tür eine Gestalt erschienen ist. Ohne Kopf. Mme. Lautenschlags Mutter hat sich ihr schwarzes Kleid über den Kopf gezogen. Mme. Lautenschlag stößt einen kleinen Schrei aus. Hespera führt die alte Dame aus dem Zimmer. Herr Lautenschlag, Gervaise und Otto verdrücken sich.

MATHIAS *(leise)* Kaputt ist kaputt, repariert wird nix.

Mme. Lautenschlags Zimmer **innen / Nacht**

Mme. Lautenschlag kann nicht schlafen. Sie geht im Nachthemd hin und her, spricht vor sich hin, gestikuliert, man könnte sich vorstellen, daß sie eines Tages so ist wie ihre Mutter.

Herrn Lautenschlags Arbeitszimmer **innen / Nacht**

Herr Lautenschlag sitzt im Nachthemd mit einem Umhang darüber über seinem Tagebuch. Er starrt vor sich hin.

Mathias' Zimmer **innen / Nacht**

Sie sitzt im Bett, Kissen im Rücken, ein Buch auf den Knien, den Kopf hoch. Sie sieht sich ...

Mathias auf dem Rad **außen / Tag**

... auf ihrem eigenen Rad. Das seidene Mantillchen fliegt hinter ihr her.

Musikzimmer **innen / Nacht**

Mme. Lautenschlag im Morgenrock am Klavier. Nacht. Ein Lichtstrahl aus ihrem Zimmer. Sie schlägt leise die Tasten an.
Herr Lautenschlag erscheint in der Tür.

HERR LAUTENSCHLAG Weißt du, wie spät's schon ist? Gleich vier Uhr.

MME. LAUTENSCHLAG Ich habe solche Angst ... solche Angst vor der Zukunft von Hespera ... von Gervaise ...

HERR LAUTENSCHLAG Vor allem ... müssens frei sein, die Mädel ...

MME. LAUTENSCHLAG Ihr seid nicht frei hier in Deutschland. Ihr seid Untertanen, besonders die Mädchen. Was ist aus mir hier geworden? Eine Pianistin? Nein. »Eine Hausfrau in Gottes Zorn« ...

Herr Lautenschlag will protestieren.

MME. LAUTENSCHLAG Ja, ich weiß, es war ein Spaß. Aber es ist die Wahrheit. Morgen heiratet wieder eine von den Zwinger-Töchtern.

HERR LAUTENSCHLAG Laß sie doch heiraten ... die reichen Leut untereinander ... und dieses todlangweilige Leben führen.

MME. LAUTENSCHLAG Tais-toi ...

Küche **innen / Nacht**

Hespera steht in der Küche. Im Nachthemd. Sie hat ein großes Messer in der Hand.
Sie schneidet sich ein Stück von einem Apfel ab.

Gervaises Zimmer **innen / Nacht**

Gervaise träumt. Sie lacht im Traum. Plötzlich schreit sie laut auf.

Gang 2. Stock **innen / Nacht**

Hespera stürzt aufs Zimmer von Gervaise zu, dann auch die anderen außer Otto.

Gervaises Zimmer **innen / Nacht**

Hespera nimmt Gervaise in ihren Arm.

HESPERA Ja, was ist denn, was hast, Schwesterl?
GERVAISE Die Maman ... ein Messer ... ein Messer ... ein Mann hat der Maman ein Messer ... in den Rücken ... *(es schüttelt sie)* ... ach ... so scheußlich ... so scheußlich ...

Ottos Zimmer **innen / Nacht**

Winzige Kammer. Otto schnarcht.
Mit Phosphorfarbe hat er an die Decke über sich die Hauptwährungen der Welt hingemalt.

Eßzimmer **innen / Tag**

Ungutes Frühstück. Lustlos. Mathias, Otto, Gervaise, Herr Lautenschlag.
Hespera serviert.

MATHIAS Papa, sag halt was.
HERR LAUTENSCHLAG Was?
MATHIAS Herrschaft, jetzt hab ich dich schon zehnmal gefragt!
HERR LAUTENSCHLAG Was?

Er will aufstehen und gehen.

MATHIAS Papa, das hat doch keinen Sinn, einen Radführerschein und kein Rad. Die andern haben auch alle eins.

HERR LAUTENSCHLAG Jetzt hör doch das Benzen auf.

Steht auf und geht.
Mme. Lautenschlag in der Tür.

MME. LAUTENSCHLAG Est-ce que vous vous disputez?

MATHIAS *(aufgebracht)* Sich einfach verdrücken! So macht ers immer!

Herr Lautenschlag dreht sich blitzschnell herum.

HERR LAUTENSCHLAG Du bist hier nur geduldet.

Mathias reißt die Augen auf, man denkt, daß sie jetzt losschreit, statt dessen fließt aller Zorn raus, und sie sagt in fast mitleidigem trockenen Ton …

MATHIAS … bist halt ein schlechter Vater.

Hesperas Zimmer **innen/Tag**

Sie steht am Fenster und beobachtet, wie Prof. von Zwinger seine lange Hedwig in Weiß zur Kutsche führt. Das applaudierende Personal.

Salon Lautenschlag **innen/Tag**

Herr Lautenschlag an der Tür zum Musikzimmer. Lhombre singt.

HERR LAUTENSCHLAG Valérie!

Musik bricht ab.
Mme. Lautenschlag kommt an die Tür.

HERR LAUTENSCHLAG Ä … entschuldige … man müßte endlich … etwas mit deiner Mutter unternehmen …

MME. LAUTENSCHLAG Nous faisons de la musique …

HERR LAUTENSCHLAG Ich sag ja nicht, daß du uns unsere Socken stopfen sollst … es geht um deine Mutter.

MME. LAUTENSCHLAG Ich habe es gehört. Monsieur Lhombre wird bald gehen.

HERR LAUTENSCHLAG *(dreht sich um, für sich)* Das Singen von diesem Menschen …

Lhombre fängt wieder an zu singen.

Hespera steht auf, um die Teller wegzunehmen. Es hat Fisch gegeben. Gervaise will helfen.

MATHIAS Ich bin heut dran, Gervaise!

Sie räumt ab.

OTTO *(währenddessen dauernd sprechend)* Dasdas nennt sich Witwatersrand, dada habens Goldfelder entdeckt, diediedie größten der Welt. Aber diedie Buren lassen keinen andern rein, sonst wär ich schon unten, ich mein – nach der Schul oder schon früher. Dada ist man reich, so schnell kann man gar nicht schaun.

GERVAISE Wo ist das?

OTTO Witwatersrand?? Transvaal!

GERVAISE Und wo ist Transvaal?

OTTO Südafrika, diediedie weiß des net. Da gibts so viel Gold wie Kieselstein an der Isar.

HERR LAUTENSCHLAG Der Waller war hervorragend. Jetzt freu ich mich auf die Nachspeis. Was gibts denn?

Hespera bringt einen riesigen Blumenkohl herein.

HERR LAUTENSCHLAG *(zutiefst enttäuscht zu seiner Frau)* Valérie ... warum denn jetzt noch ...

MME. LAUTENSCHLAG Parce qu'il faut un légume.

HERR LAUTENSCHLAG Aber der ist doch fürs Auge schon eine Beleidigung ...

MME. LAUTENSCHLAG *(mit einer königlichen Handbewegung, leise, spitz)* Räumt ihn ab!

OTTO *(brummt vor sich hin)* Des weiß doch jeder Säugling, wo Transvaal is.

Hespera steht auf und räumt »ihn« ab. Man hört sie an der Nachspeise arbeiten.
Betretenes Schweigen.
Gervaise schielt zu Mathias, die mit einem bitterbösen Gesicht vor sich hinstiert. Gervaise stößt einen kleinen Grunzton aus. Mathias schrickt herum, sieht, daß Gervaise das Lachen nicht mehr halten kann, ist sofort angesteckt, sofort auch Herr Lautenschlag.
Hespera kommt ernst in die Tür, begreift die Situation, beginnt zu lachen, steckt Mme. Lautenschlag an.

OTTO *(hat alles verpaßt)* Lacht ihr über mich?

GERVAISE *(im Ton ihrer Mutter)* Räumt ihn ab.

Sie beugt sich zu einem imaginären Blumenkohl herunter.

GERVAISE Wirst du wohl!

Großes Gelächter. Herr Lautenschlag steht unter dem Vorwand des Lachens mit einer Scheibe Brot in der Hand auf und geht zum Fenster. Mathias hilft Hespera beim Auftragen der Nachspeise. Herr Lautenschlag setzt sich wieder hin und schiebt etwas, das er mit der Hand verdeckt, an den Platz von Mathias.
Mathias setzt sich immer noch lachend an ihren Platz. Sie schaut vor sich hin. Der Mund bleibt ihr offen stehen.
Herr Lautenschlag beobachtet es mit Vergnügen. Die andern haben zu lachen aufgehört. Vor Mathias liegt eine Brotscheibe, in der viele Goldstücke stecken. Sie schaut diesen merkwürdigen Segen an, dann den Vater. Otto beginnt laut zu zählen.

MATHIAS Papa ...

OTTO Fünfzehn ... fünfzehn Goldstückln.

MATHIAS *(konsterniert, trocken)* Bbbesten Dank, Papa.

OTTO Das sind glatt dreihundert Mark.

MATHIAS *(fängt sich, immer seliger)* Papa, merci, merci beaucoup, dankschön, dankschön, Papa, oh, que je suis heureuse, ganz narrisch bin ich vor ... que je suis heureuse, ich bin ja ganz narrisch vor, oh, que je suis heureuse, ganz narrisch vor Freud bin ich, ganz narrisch ...

München **außen/Tag**

Schönes Licht.
Immer weiter zwitschert Mathias ihren Dank, immer noch hört man ihre Stimme, während sie auf ihrem neuen Rad Kurven, Kreise, bergauf und bergab fährt, nah, weit weg. Das Mantillchen fliegt hinter ihr her. Bögen, Schlangenlinien, Schlenker, Schlenzer, sie versucht eine Bodenwelle zu überspringen, fährt Schuß einen kleinen Berg hinunter.
Musik.

Diele Lautenschlag **innen/Tag**

Nur ein Lichtstrahl fällt aus dem Salon in die dunkle Diele. Lhombre singt.
Es kracht. Die Musik bricht ab.

HESPERAS STIMME Um Gottes willen, Professor, haben Sie sich verletzt?
VON ZWINGER Das wird sich erst herausstellen. Warum ist denn das Licht gelöscht?
MME. LAUTENSCHLAGS STIMME Max, hast du wieder das Licht gelöscht?

Herr Lautenschlag hat sich hereingeschlichen, zündet die Lampe an.

HERR LAUTENSCHLAG *(als ob nichts wäre)* Ah, guten Abend, Prof. von Zwinger.
VON ZWINGER Ich hätte mich fast umgebracht grade.

Mme. Lautenschlag wirft ihrem Mann einen strafenden Blick zu. Mathias stürzt herein.

MATHIAS Also, ich sag euch, das Radl ist ein Traum. Ich bin so glücklich ...

Sie sieht den Professor.

MATHIAS ’tschuldigung, Grüß Gott.

Lhombre kommt aus dem Musikzimmer.

VON ZWINGER *(zu Mme. Lautenschlag vertraulich)* Ihre Frau Mutter kann unmöglich hierbleiben. Ich kann für nichts mehr garantieren.

Ich helfe Ihnen bei der Einweisung in ein »Sanatorium« in Frankreich.

MME. LAUTENSCHLAG *(zu Lhombre)* Restez donc à dîner avec nous, mon cher ami.

LHOMBRE Non, merci, je vais à l'opéra, merci bien, au revoir.

Herr von Zwinger geht.

VON ZWINGER Guten Abend, Madame.

Gervaise kommt von draußen, trifft mit Lhombre zusammen.

LHOMBRE Bonsoir, Mademoiselle ...

GERVAISE Bonsoir, Monsieur.

Sie schaut ihm nach.

MATHIAS Also das Radl, das Radl, ich sag euch ...

MME. LAUTENSCHLAG *(schreit)* Hör auf mit dem verfluchten Ding.

Stille.
Ganz separiert steht jeder da, wie ohne Hoffnung.

HERR LAUTENSCHLAG Ich ... ich muß in den Gartenverein ...

Er verdrückt sich.

MME. LAUTENSCHLAG *(schnuppert in die Luft)* Es riecht ... so komisch ...

HESPERA Meine Lampe!!!

Sie stürzt in ihr Zimmer.

Flur und Hesperas Zimmer **innen / Tag**

Der Feuerversicherungsvertreter mit Formular. Blick in Hesperas verbranntes Kämmerchen.

FEUERVERSICHERUNGSVERTRETER So, ja, alles antike Stücke aus Familienbesitz ...

Otto und Mathias schneiden hinter seinem Rücken die entsprechenden Gesichter.

FEUERVERSICHERUNGSVERTRETER Da hätt ma jetzt die Listn ... Wenn ich ... fünfzig Mark ansetze ...

Otto will schon Hurra schreien, Mathias hält ihm den Mund zu.

MATHIAS Was, nur fünfzig Mark?

GERVAISE Aber, Herr Oberinspektor ... das Fünffache ... allein schon der kleine Holländer ...

OTTO ... und die Barockampel ...

GERVAISE ... und der persische Gobelin, von dem man gar nichts mehr erkennen kann.

Hespera steht mit Leidensmiene wie eine Statue in einer Ecke, sagt nichts.
Der Inspektor lächelt die vier an. Ob er das Spiel durchschaut, ob sie ihm einfach nur gefallen?

FEUERVERSICHERUNGSVERTRETER Also gut, ich setz einmal zweihundert Mark an und schau, ob wir damit durchkommen.

Otto ist wie vom Donner gerührt, Hespera nah einem Lachanfall, Gervaise muß sich blitzschnell mit dem Taschentuch wegdrehen, nur Mathias schafft mit unglaublicher Lässigkeit den Satz ...

MATHIAS Eh bien, das ist wenigstens etwas!

Zugfahrt München–Isartal **innen/außen/Tag**

Blick aus dem Zugfenster. Vorbeifliegende Häuser, dann immer mehr Landschaft, Brücken, Wolken.

STIMME MATHIAS Und das mit unserm netten Glump von der Dult.

STIMME GERVAISE Aber es waren eben die Sachen von der Hespera.

STIMME MATHIAS Was hat er gsagt?

STIMME GERVAISE *(Imitation)* Also gut, ich setz einmal zweihundert Mark an und schau, ob wir damit durchkommen ...

Sie sitzen in ihrem Abteil und lachen. Sie tragen leichte Sommerkleider.

GERVAISE Und dann dein »eh bien – das ist wenigstens etwas« – mich hats fast zrissn.

MATHIAS Wenn die nur die Hälfte zahln ...

GERVAISE Noch nicht mal die Hälfte, dann kriegt Hespera ein neues Zimmer ...

MATHIAS Und unsere Tourenkasse ist saniert.

Bahnstation **außen/Tag**

Station ohne Bahnhof. Der Zug hält. Mathias und Gervaise steigen aus. Ein altes Bauernehepaar steigt ein.
Tobby hält zwei ungesattelte Pferde am Zügel, begrüßt die beiden Mädchen.

TOBBY Wo ist Hespera?
MATHIAS Nach Meran. Mit Freunden.
TOBBY Und Otto?
GERVAISE Muß pauken, der Arme, fürs Abitur!
TOBBY Da, der Vicky und die Candida.

Er zeigt in die Felder. Mathias schaut nur auf ihn.

GERVAISE He, Mathias, schau doch!

In einem offenen, kleinen Rollwagen auf Schienen nähern sich Vicky und Candida. Sie winken. Der Wagen rollt von selbst, es geht immer bergab.

MATHIAS Ui, das ist ja phantastisch. Können wir auch damit?
TOBBY Ja, aber bergauf gehts nur mit den Pferden. Heut abend, wenn ihr wollt.

Der Wagen ist da.

CANDIDA Mathias! Schön, daß ihr da seid! Wo ist Hespera?
MATHIAS UND GERVAISE *(unfreiwillig gemeinsam)* In Meran. Mit Freunden.

Sie schauen sich an, müssen kichern.

CANDIDA Und Otto?
MATHIAS UND TOBBY Muß pauken, fürs Abitur.

Lachen.
Tobby und Vicky beginnen, die Pferde vor den Wagen zu spannen.

MATHIAS Ist das ein Einfall von euch?
CANDIDA Nein, das sind die Wagen von unserer Torfindustrie.
GERVAISE Ihr habts einen Torfstich?

Mathias schaut Tobby an. Tobby spannt ein. Vicky schaut Gervaise an. Sie streichelt die Pferdenüstern.

GERVAISE So weich. Ah, wunderschön weich.

Sie hat Löwenzahn hinter ihrem Rücken versteckt, füttert das Pferd.

GERVAISE Magst das? Nicht kitzeln!

Vicky schaut Gervaise an.
Mathias schaut Tobby an.
Tobby spannt gewissenhaft ein.

TOBBY *(ohne ihn anzusehen)* He, Vicky, tu auch was.

Weg zum Gutshof Zwinger **außen/Tag**

Der kleine Wagen mit den zwei Pferden und den jungen Leuten drauf. Mathias pfeift. Lachen. Reden.
Weite Felder. Unten die Isar. Mischwald.

Gut Zwinger **außen/Tag**

Weiter, gepflegter Vorplatz.
Candida, Tobby und Vicky bringen Gervaise und Mathias den Eltern zur Begrüßung.
Mathias hat ein junges Kätzchen auf dem Arm.

MATHIAS Au!! Die kratzt schon!
VON ZWINGER *(blickt gestört von den Blumenbeeten auf)* Prachtvoll! Der Formenreichtum der Natur!

Zu Tochter Gertrud, die neben ihm steht . . .

VON ZWINGER *(trocken)* Man muß sie stützen.
Ah, die Fräulein Lautenschlag.
MATHIAS Grüß Gott.
VON ZWINGER Guten Tag, Mathias.
GERVAISE Grüß Gott, Herr Professor.
VON ZWINGER *(ironisch)* Grüß Gott, Gervaise. Wie geht es eurer grandmother?
GERVAISE *(peinlich berührt)* Die Maman bringt sie nächste Woche heim . . . ä . . . in ein . . .
VON ZWINGER Eine gute Entscheidung.

Mrs. von Zwinger wandelt über den Hof.

MRS. VON ZWINGER What a beautiful day today. Guten Tag, Gervaise, guten Tag, Mathias.
GERVAISE UND MATHIAS Grüß Gott, Mrs. von Zwinger.
VON ZWINGER *(unnachgiebig Konversation machend)* Und der Papa? Wie immer bei bester Gesundheit!
MATHIAS Dem gehts gut.
VON ZWINGER *(zu seiner Frau)* Dem gehts gut, my dear . . . Na, dann unterhaltet euch mal gut *(wendet sich wieder den Blumenbeeten zu).*

Waldwege **außen/Tag**

Tobby lenkt einen Wagen mit Mathias, Candida, Gervaise und Vicky durch den Wald. Vierspännig. Schweißnaß im Gesicht. Licht bricht

durch die dunklen Stämme. Das Kreischen der Steinwege. Die vier halten sich aneinander fest. Lachen. Augen. Auch etwas Furcht.
Schneller.
Die Stämme drehen sich. Der Boden von Maiklee und Moos darunter.
Lichtungen, Waldwiesen, ein Hohlweg.
Schneller. Und etwas mehr Furcht.
Vicky versucht, Gervaise zu küssen.
Mathias hat nur Augen für den »Rosselenker«.

Großer Speisesaal im Gutshof Zwinger **innen / Tag**

Am Kopfende Prof. von Zwinger mit einem Messer, das er ausdrucksvoll am Stahle wetzt.
Mrs. von Zwinger dirigiert zwei Mädchen in Tracht, mit weißen Schürzen, beim Servieren. Ihr Platz ist am anderen Ende der Tafel.
In bunter Reihe: Mathias, Tobby, Gervaise, Vicky, Gertrud und ein bebrillter junger Mensch.
Candida kommt herein.

CANDIDA Entschuldigung, Papa. Sorry, Motherle.

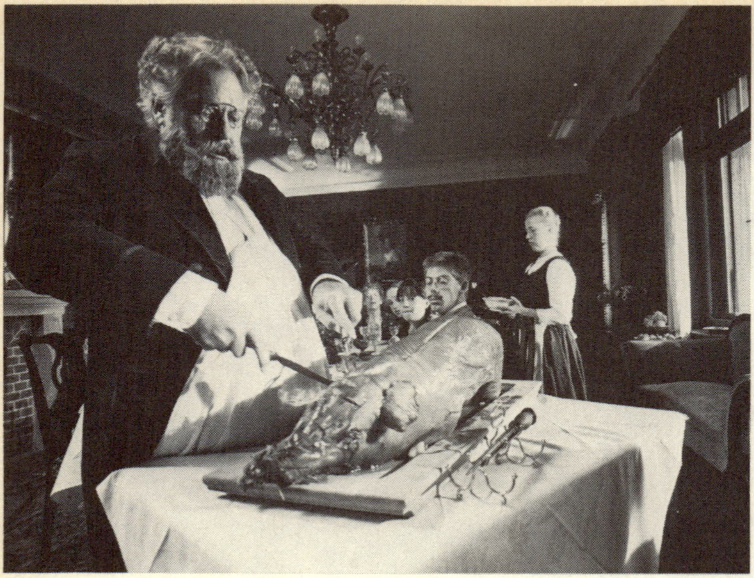

Dorothea Moritz als Mrs. von Zwinger

Prof. von Zwinger nähert das Messer dem Spanferkel, das goldbraun mit einem Petersilienbusch im Maul vor ihm steht.

VON ZWINGER Gottgesegnetes Bayernland! Hier läßt sichs leben. Es gibt sicherlich intelligentere Volksstämme, aber keinen so sehr dem Leben zugewandten. Wenn man sich hier der kraftvollen Führung unseres Kanzlers in Berlin anvertraut, ist man in Abrahams Schoß.

Schneidet sich ein Stück ab, legt es sich auf den Teller.

VON ZWINGER Ich esse gern etwas von den Ohren.
MATHIAS Und wenn die in Berlin was Dummes machen?
VON ZWINGER *(vernichtend)* Das entzieht sich deiner Beurteilung.

Er öffnet den Rücken des Spanferkels. Saft quillt heraus.
Währenddessen hat sich eine Blaskapelle in Tracht im Saal postiert.
Während Prof. von Zwinger weiter das Spanferkel tranchiert, setzt sich Mrs. von Zwinger und wendet sich Gervaise zu.

MRS. VON ZWINGER Hattet ihr eine nice tour?
GERVAISE *(verlegen, freundlich)* Ja, ja ... sehr ... sehr ...
MATHIAS *(bricht aus)* Also ... also ... der Tobby! Phantastisch! Wie der vierspännig fährt! Wie ... wie im alten Rom ... Der könnte glatt in einer Meisterschaft mitfahrn ... oder im Zirkus auftreten!!!
MRS. VON ZWINGER Das mag vielleicht für dich erstrebenswert sein, Mathias, aber ein von Zwinger geht nicht zum Zirkus.

Die zwei Serviererinnen reichen die Platten herum.
Prof. von Zwinger erhebt sein Glas, schaut zur Kapelle.
Mathias mit rotem Kopf über die doppelte Zurechtweisung ...

MATHIAS Der Bismarck is gestern zurückgetreten!

Die Kapelle spielt einen Tusch.
Prof. von Zwinger winkt heftig ab. Die Kapelle bleibt im zweiten Tusch stecken.

VON ZWINGER Was!!! Was redest du da?
MATHIAS *(ziemlich verschreckt)* Na ja, hätt ja sein können ...
VON ZWINGER *(mustert Mathias)* Mit so etwas treibt man keine Scherze! *(fängt sich, hebt sein Glas, gibt der Kapelle das Zeichen).*

Tusch!

VON ZWINGER Ich erhebe nun mein Glas, um auf das Wohl meiner Tochter Gertrud und Herrn Max Süßmeiers anzustoßen, die sich heute verlobt haben.

Tusch!

Gut Zwinger / Große Terrasse **außen / Tag**

Spätes Licht. Die Kapelle spielt einen Ländler. Prof. von Zwinger mit Pappnase. Er läßt ein Knallbonbon am Ohr seiner Frau platzen, die erschrickt und ihn dann mit verzerrtem Gesicht süßsauer anlächelt.
Der bebrillte dicke junge Mann greift in einen Topf mit Papierröllchen, rollt eins auseinander, schaut erschrocken auf und will es wieder zurücklegen.

VON ZWINGER *(dröhnend)* Vorlesen! Vorlesen!
BEBRILLTER JUNGER MANN Ist ein Mädchen nur recht reich, kommt es an den Mann sogleich ...

Weg zum Bahnhof / Gut Zwinger **außen / Nacht**

Heller Abend. Erste Sterne.
Von fern die Blasmusik.
Gervaise, Mathias, Victory, Candida und Tobby rollen bergab zur Station. Sausende Fahrt.
Auf dem Weg, der mal näher, mal weiter von den Schienen verläuft, reitet Tobby im Galopp, ein zweites Pferd am Zügel führend.

MATHIAS Schneller, Tobby, schneller, schneller!

Eisenbahnabteil 3. Klasse **innen / Nacht**

Trübes Lämpchen.

GERVAISE *(leise)* Könntst du dir unsern Vater und den Professor vorstelln ... als Verwandte?
MATHIAS *(tut, als wär nichts)* Unsern Papa und den Käslaib?
GERVAISE ... ich mir nicht ...
MATHIAS *(rasch, heftig)* Gell, gell! Du dir auch nicht!!

Wohnung Lautenschlag / Diele **innen / Tag**

Mathias mit einem Brief. Otto mit Schultasche.

MATHIAS 97 Mark für Hesperas Zimmer. Hoffentlich kommts Geld vor den großen Ferien.
OTTO Hat d' Hespera gschriebn?
MATHIAS Nein. Ich hab Schädelweh.
OTTO Ich schleich mich.
MATHIAS Hausaufgaben?

OTTO Geht dich an Dreck an.
HERRN LAUTENSCHLAGS STIMME Otto, Hausaufgaben, lesen!
OTTO *(tritt gegen seine Schulmappe)* Ich hasse lesen!!! Undundund wenn d' Hespera net da is, schon gleich gar!

Verschwindet.

HERR LAUTENSCHLAG *(zeigt sich in der Tür)* Ich such schon wieder mein Büchl.
MATHIAS Wann kommt die Maman zurück?
HERR LAUTENSCHLAG Weiß net. Die grand-mère ist schlecht beinand.
MATHIAS Hab saumäßig Schädelweh.

Die Gartenmarie kommt mit einer Terrine Zwiebelsuppe aus der Küche. Sie blinzelt Herrn Lautenschlag zu, er solle ihr folgen. Er geht, sie dreht sich in der Tür um.

GARTENMARIE Hab dir auch eine Zwiebelsupp hingstellt, Mathias!

Mathias geht zum Fenster. Föhnhimmel. Eine offene Tür schlägt zu, eine zweite.
Die Gartenmarie kommt zurück.

GARTENMARIE Was is, Mäderl, magst keine Supp?
MATHIAS Es ist nix ohne die Hespera.
GARTENMARIE Komm, 's is Föhn. Jetzt iß deine Supp.
MATHIAS Die Jamesin hat mich zum Lämmersprung eingladen, und ich hab nix zum Anziehn.
GARTENMARIE Da find ma scho was ...
MATHIAS Affig geh ich nicht.

Ein Fenster knallt.

Großer Gartensaal bei Baronin James innen / Tag

Etwa vierzig junge Leute in Gruppen. Alle zwischen 16 und 18. Ein kleines Orchester hinter Oleanderbüschen stimmt seine Instrumente.
Baronin von James und Oberst von Ried-Recours.
Candida, Mathias und Gervaise.

BARONIN JAMES Ah, meine Freundin! Bon soir, Mathias, bon soir, Gervaise. Lieber Oberst, darf ich Ihnen Candida von Zwinger vorstellen. Oberst von Ried-Recours.

Candida macht einen Knicks. Mathias gibt der Baronin James einen burschikosen Kuß. Knickst linkisch vor dem Oberst.

Anja Buczkowski als Baronin James, Gustl Weishappel als Oberst Ried-Recours

MATHIAS Bon soir, Monsieur.
RIED-RECOURS Grüß Dich Gott, Scherreß.

Baronin James schaut sich Mathias' Kleid an.

BARONIN JAMES Hübsch! ... Nein, entschuldige ... *(denkt einen Augenblick nach)* nicht affig! Und auch nicht fad! Stimmts?
MATHIAS *(voller Bewunderung)* Exactement.
BARONIN JAMES Amüsiert euch gut!

Sie gibt Mathias einen Klaps.
Während nun das kleine Orchester die Kaiserwalzer-Einleitung spielt und die Tänzer sich eine Tänzerin engagieren, ziehen die Baronin James und Herr von Ried-Recours ihre Runde durch die kleinen und größeren Gruppen der jungen Leute, bleiben stehen, gehen weiter.
Die flachstehende Sonne bricht durch die großen Scheiben.
Die Baronin James hält Ried-Recours sacht am Arm, daß er stehen bleibt.

BARONIN JAMES Horchen Sie, Lieber, der neueste Walzer vom Strauß. Kaiserwalzer heißt er. Horchen Sie! Die Einleitung ist was ganz Besonderes.
RIED-RECOURS *(nach einer Weile)* Diese Lämmersprünge, ned wahr, also immer wieder nett sinds, ned wahr.
BARONIN JAMES Ja, ohne meinen Lämmersprung ist es kein ganz richtiger Juni.
Guten Abend, Sophie!
JUNGES MÄDCHEN Guten Abend, Baronin James.

Baronin James und Ried-Recours ziehen weiter.
Eine Gruppe von Mädchen, alle mit ähnlichen Kleidern, reichen etwas herum.

RIED-RECOURS Und was hams des Jahr für a Spinnerei, die jungen Leut?
BARONIN JAMES Dieses Jahr sinds die Tascherl.
Wally, sei so lieb, zeigt uns mal eure Tascherl.

Die jungen Mädchen reichen die vielbegehrten Brieftaschen oder Kuverts aus geblümtem Karton in verschiedenen Mustern.

RIED-RECOURS Charmant, ned wahr ... Und was macht man damit?

Die Mädchen kichern.

RIED-RECOURS Aha, für die Liebesbrieferl, ned wahr?
ZWEITES JUNGES MÄDCHEN Nein, für nichts!

RIED-RECOURS Für nix?
BARONIN JAMES *(abschließend)* Sie werden halt gesammelt! Gell? Und je mehr eins hat ...
DIE MÄDCHEN ... um so besser!

Baronin James und Ried-Recours gehen ihre Tour. Der Walzer hat begonnen.

RIED-RECOURS Und die Kleidln, ned wahr, gibts da auch schon wieder was Neues?
BARONIN JAMES Da gibts jetzt zwei Lager. Die Braven und die Oppositionellen. Schauen Sie da, den Mathias, die ist Opposition – »nicht affig, aber auch nicht fad«.
RIED-RECOURS Was ist denn in sie gefahren??

Mathias stolziert mit ihrem wichtigen Schritt quer durch die Tanzenden auf Candida zu. Nah.

MATHIAS *(triumphierend)* Ein drittes Tascherl!

Sie stolziert wieder zurück. Sie trifft auf Gervaise, die sich ein wenig für das Theater ihrer Schwester geniert.
Baronin James hält Mathias auf.

BARONIN JAMES Was gibts denn, Mathias?

Mathias zuckt mit den Schultern.

BARONIN JAMES Hat dich niemand aufgefordert?
MATHIAS Mag eh nicht.

Hinter Mathias tauchen Tobby und Vicky auf.

BARONIN JAMES Ah, die beiden Herren von Zwinger. Tobias, mögen Sie mit Mathias tanzen?
TOBBY *(ohne jedes Interesse)* Sehr gern, natürlich.

Mathias und Tobby fangen ungeschickt an zu tanzen. Mathias kann sich, obwohl sie gern möchte, nicht darüber freuen.

TOBBY *(plötzlich)* Du entschuldige, ich hatte der Stephanie von Malaisé den ersten Tanz versprochen. Macht dir sicher nichts aus.

Mathias läßt ihn sofort los.

TOBBY *(locker)* Bis dann.

Candida und ihr Tänzer.

CANDIDAS TÄNZER *(hochdeutsch)* Was meinte sie denn mit dem dritten Täschchen?

CANDIDA *(mit ihrem freundlichen Lachen)* Kann ich Ihnen wirklich nicht verraten. Geheimnis!

Kabinett / Gartensaal **innen / Anschluß**

Ein kleines Kabinett, das an den Tanzsaal anstößt. Offene Tür. Baronin James und Ried-Recours nehmen im Sitzen eine kleine Erfrischung zu sich. Wie aus einer Loge können sie die Tanzenden beobachten.

RIED-RECOURS Aber der Walzer, ned wahr, der is schon keine Mode mehr, ned wahr? Den hamma jetzt, seit ich denken kann. Vom Lanner aufn Strauß Vater, auf die Söhne und der Johann junior, ned wahr, is ja unverwüstlich und wird immer besser, ned wahr.

Schöner, großer Walzereinsatz.

Gartensaal **innen / Anschluß**

Mathias steht immer noch zwischen den Tanzenden, wo Tobby sie stehengelassen hat. Dann läßt sie sich an den Rand hinausspülen. Bänder vom Hals der Tänzerinnen fliegen ihr ums Gesicht. Der Tüll mit den Rüschen, den aufgesetzten Blumen, streift sie.
Die Musik vermischt sich mit einer anderen Musik, das Licht verändert sich, wird dissonant wie die Musik.
Das ernste Gesicht des Mathias, die auf die Tanzenden und in sich hineinschaut.
Aus dem Strauß-Walzer entwickelt sich ein Totentanz-Ländler.

STIMME DER ERZÄHLERIN Laßt sie tanzen, die Kinder, laßt sie tanzen – in keine schöne Zeit wachsen sie hinein, Kriegswitwen werden es sein.

Drei Tänzer kommen sich, während sie ihre Mädchen nach außen halten, sehr nah, wie in Zeitlupe, als ob sie etwas zueinander sagten.

STIMME DER ERZÄHLERIN Seht, die drei Brüder La Rosée. Sie fallen alle. Am Stacheldraht verlassen hängend, zum Himmel aufbrüllend.

Augen Mathias.
Die Tanzfläche. Weniger Paare. Mädchen allein. Ältere.
Augen Mathias.
Ältere Paare. Teils protzig aufgeputzt, teils spießig, teils ärmlich. Nun auch Männer allein.
Augen Mathias.

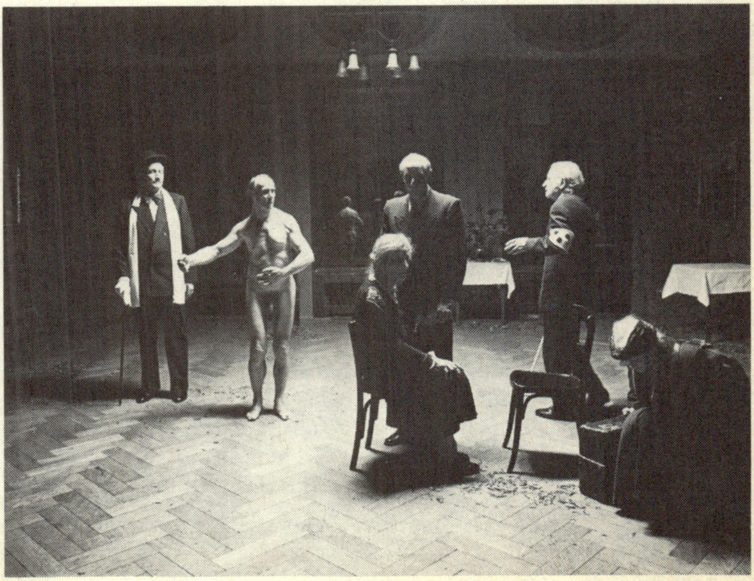

Alte Paare. Überfettete. Magere. Sehr rote Gesichter, blasse. Abgehärmte. Eitle, dumme. Ordensbrust, Militär. Todmüde einzelne. Am Stock. Schon auf den Knien, in Auflösung.
Augen Mathias.
Während die Erzählerin weiterspricht, verwandelt sich die Szene zurück, der Kaiserwalzer geht seinem Finale zu, das Licht wird wieder wie es war.

STIMME DER ERZÄHLERIN Noch ist eine Gnadenfrist gegeben, die Hölle hat sich noch nicht aufgetan, und noch ist hier ein Volk auf dem Höhepunkt seines Glückes, verführbar wie kein zweites, das die Zeichen falsch vom Himmel liest. Politische Ahnungslosigkeit ist seine kapitale Schuld.

Walzerfinale. Großer Dreher. Etwas zu ekstatisch, mit viel Schweiß, nahe einer Ohnmacht.
Farbige Limonaden werden gereicht.
Candida, Vicky und Gervaise außer Atem.

VICKY *(zu Gervaise)* Wo ist eigentlich der Otto?
GERVAISE Der muß doch büffeln … fürs Abitur.
CANDIDA Mathias, hast du nicht getanzt? Du bist langweilig.
MATHIAS *(wichtig)* Ich hab mich mit der Baronin unterhalten.
VICKY Wer ist sie eigentlich?
MATHIAS Meine Freundin.
VICKY Schon. Aber …

Das Gesicht der Baronin James, wie sie von ihrem Kabinett aus die jungen Leute beobachtet.

STIMME MATHIAS Sehr, sehr gscheit is sie! Und die ganze Welt kennen tut sie. Und Einladungen nimmt sie nie welche an. Kein Wunder! Bei unserer sturen Etikettn! Wo sollt man sie denn plazieren an einer Tafel … Ein Jüdin, die mit einem Amerikaner verheiratet war. Dem Mr. James. *(altklug)* Der ihr, unter großen Opfern, eine Baronie gekauft hat. Reich war er ja nicht, aus Liebe. Aber sie wollt nur Baronin sein *(vertraulich)*, weils mit dem Oberst von Ried-Recours auf gleich sein wollt … aber *(schluckt)* … ich glaub, er liebt sie nicht. *(dreht sich von den anderen weg, für sich, wütend)* Ich haß Gschichten, die net gut ausgehn! *(sie zerrt an ihrem Kleid)* Herrschaft, wo is denn des saudumme Schnupftüchl.

Kleines Kabinett **innen / Anschluß**

Ried-Recours betritt das kleine Kabinett.

RIED-RECOURS Ich habs rausbracht! Das mit dem dritten Tascherl! Also: Der Mathias, ned wahr, hat mit der kleinen von Zwinger, ned wahr ...

BARONIN JAMES Candida ...

RIED-RECOURS Ja, mit der Candida gewettet, ned wahr, daß sie, daß der Mathias einen Protestanten, ned wahr, also einen Lutherischen, ned wahr, aus den andern rauskennt, ohne was von ihm zu wissen, ned wahr. Und bei jedem Treffer ...

BARONIN JAMES *(lacht)* kriegt Mathias ein Tascherl.

RIED-RECOURS Und bei jeder Fehlprognose, ned wahr ...

BARONIN JAMES kriegt Candida ein Tascherl.

RIED-RECOURS Also, wie Sie das erraten haben, liebe Freundin ...

Gartensaal **innen / Anschluß**

Mathias schießt durch den Saal auf Candida los.

MATHIAS Ein viertes Tascherl!

Wohnung Lautenschlag – Diele / Salon **innen / Tag**

Mathias, schwarzgekleidet, geht durch die Wohnung.
Gervaise, schwarzgekleidet, begegnet dem schwarzgekleideten Herrn Lautenschlag.
Die Gartenmarie, schwarzgekleidet, verschwindet in der Küche. Das Geräusch des Regens vor den Fenstern. Die leere, trübe Diele. Chopins Valse triste aus dem Musikzimmer.

STIMME HERR LAUTENSCHLAG *(aus dem Salon)* Valérie?

STIMME MME. LAUTENSCHLAG Oui ...

STIMME HERR LAUTENSCHLAG Valérie!

STIMME MME. LAUTENSCHLAG Taisez-vous, mon cher, je fais de la musique, je vous en prie!

STIMME HERR LAUTENSCHLAG Valérie, komm bitte rasch her.

Musik bricht ab. Geräusch des Türöffnens vom Musikzimmer.

STIMME HERR LAUTENSCHLAG Ist das ... etwa die Rechnung für die Trauergarderobe, ma chère?

STIMME MME. LAUTENSCHLAG Oui, bien sûr, mon cher.

Die drei Kolbtöchter Annette, Germaine, Louise (historische Photographie)

STIMME HERR LAUTENSCHLAG Weißt du, daß uns die ruinieren wird, ma chère?

STIMME MME. LAUTENSCHLAG Nein ... ist sie hoch, ich hab sie noch gar nicht gesehen, mon cher.

STIMME HERR LAUTENSCHLAG Hoch??? Es kostet ... mehr wie eine Gartenanlage!!

Gervaise kommt langsam die Dielentreppe hinunter, bleibt stehen.

STIMME MME. LAUTENSCHLAG Je te l'ai demandé.

STIMME HERR LAUTENSCHLAG Wann hast du mich gefragt?

STIMME MME. LAUTENSCHLAG Une fois de plus, tu n'as pas écouté.

STIMME HERR LAUTENSCHLAG Ich habe schon zugehört. Ich habe gesagt ... es ist deine Mutter ... ich überlasse es deinem Feingefühl ... daß wir uns nicht blamieren ...

STIMME MME. LAUTENSCHLAG Avec nos vieilles nippes, mit unseren alten Klamotten wir hätten uns blamiert.

Mathias erscheint auf dem Flur, bleibt stehen. Gervaise und Mathias schauen sich an. Gervaise nähert sich der Salontür.

HERR LAUTENSCHLAG Aber das heißt doch nicht, daß wir alle vom Schneider eine funkelnagelneue Trauergarderobe haben müssen.

MME. LAUTENSCHLAG Qu'est-ce que tu t'as imaginé?

HERR LAUTENSCHLAG Vorgestellt ... nix! Das ist nicht meine Angelegenheit.

Die Gartenmarie erscheint in der Küchentür.

MME. LAUTENSCHLAG Pas ton affaire ... wir sind schließlich verheiratet.

Mathias betritt den Salon. Herr Lautenschlag in Trauerkleidung, mit der Rechnung in der Hand.
Er holt aus und schlägt mit der Rechnung auf den Tisch.

HERR LAUTENSCHLAG Verheiratet!!!

MME. LAUTENSCHLAG *(schaut zur Tür)* Max, je t'en prie, les enfants!

HERR LAUTENSCHLAG *(hält sich zurück)* Wenigstens Mathias hätte mit einem schwarzen ... Dingsda ... Flor an der Jacke in die Schul ...

Mme. Lautenschlag setzt sich seitlich auf einen Stuhl, die Hand vorm Gesicht, schluchzt.

HERR LAUTENSCHLAG Entschuldige, Valérie, ich wollt dir nicht weh ... Wann wird Maman denn beerdigt?

MME. LAUTENSCHLAG *(sehr leise)* Aber ist sie doch schon beerdigt.

HERR LAUTENSCHLAG *(wie von der Tarantel gestochen)* Ist schon?? Ist schon beerdigt???

MATHIAS UND GERVAISE Papa, bitte, Papa, bitte.

HERR LAUTENSCHLAG Ist schon beerdigt??? Und wozu dann der Zirkus?

MME. LAUTENSCHLAG Un cirque? Un cirque? Le deuil de ma mère, un cirque?

HERR LAUTENSCHLAG Ja Zirkus!!! Wozu der Zirkus, der uns ruiniert, der uns ins Zuchthaus bringt?

MME. LAUTENSCHLAG *(ganz Französin)* Parsque il faut ...

HERR LAUTENSCHLAG *(schlägt auf den Tisch)* Il faut! Wie dein Blumenkohl! *(schlägt auf den Tisch)* Il faut!!

Die Gartenmarie in der Tür hat die Hände zum Himmel erhoben, stammelt stumm Gebete.

HERR LAUTENSCHLAG *(immer wieder auf den Tisch schlagend)* Und wann werden wir die Fetzen benötigen, die uns ruinieren, wann, zu welchem Anlaß?

Mme. Lautenschlag schaut ihn nur an, läßt ihn toben.

HERR LAUTENSCHLAG Valérie??? Wann??? Zu welchem Anlaß??? Valérie??? Sag es mir???

MME. LAUTENSCHLAG *(kühl)* Je ne sais pas.

HERR LAUTENSCHLAG Valérie!!!!

MME. LAUTENSCHLAG Je! ne! sais!! pas!!!

Herr Lautenschlag packt einen Porzellanaufsatz und will ihn auf den Boden schmeißen.

STIMME OTTOS *(von der Wohnungstür her, volle Lautstärke)* Papa, Mama, Mathias, Gervaise ... ich ... hab dadas Abitur geschafft!!!

Alle stürzen sich auf Otto. Sie küssen ihn, streicheln ihn, gratulieren immer wieder.
Schließlich ziehen Mathias und Gervaise Otto die Treppe hinauf und fragen nach den einzelnen Fächern. Sie vergessen die Eltern ... Mme. Lautenschlag lehnt sich erleichtert mit dem Rücken an die Tür.

MME. LAUTENSCHLAG O, que je suis heureuse!

Herr Lautenschlag steht wie ein Liebhaber vor ihr, drückt sie mit seinem Körper an die Tür.

HERR LAUTENSCHLAG Valérie, ma chérie, ma chérie ...

Diele Lautenschlag **innen/Tag**

Eine Menge Reisegepäck steht herum. Die Gartenmarie kommt und geht.
Lhombre und Mme. Lautenschlag in der Tür zum Musikzimmer. Lhombre küßt ihr die Hand.

LHOMBRE Combien de temps resterez-vous à la campagne?

MME. LAUTENSCHLAG Seulement trois semaines.

LHOMBRE Nous nous verrons peut-être à Tegernsee.

MME. LAUTENSCHLAG Oui, au revoir, mon cher ami, à bientôt à Tegernsee!

LHOMBRE Je voudrais vite dire au revoir à Gervaise.

Mme. Lautenschlag lächelt ihm zu.

Gang 2. Stock Zimmer Gervaise **innen/Tag**

Lhombre begegnet Mathias auf dem Gang.
Er klopft an die Tür von Gervaise. Er öffnet.
Gervaise packt.

LHOMBRE Ich wollte mich verabschieden.

Gervaise gibt ihm sehr nett die Hand.

LHOMBRE Wollen Sie wirklich diesen Unfug mitmachen?
GERVAISE Meine Geschwister und ich freuen uns den ganzen Winter darauf. Jedes übrige Zehnerl kommt in die Tourenkasse ...
LHOMBRE Ein junges Mädchen ... nachts in den Bergen herumsteigen ...

Mathias steht im dunklen Gang.

GERVAISE Es ist Vollmond. Wir gehen genau nach Kalender.
LHOMBRE *(spöttisch)* Vollmond ... da wüßte ich Besseres ...
GERVAISE Bitte nicht böse sein. Vielleicht ist es das letztemal. Wer weiß, wie lang Hespera noch bei uns ist ...
MATHIAS *(schreit)* Gervaise, hast du meinen Spitzer?
GERVAISE *(ruft)* Nein!
LHOMBRE Adieu, Mademoiselle ...

Gervaise will ihn aufhalten, ist aber zu schüchtern. Er geht.

Mansarde Gartenmarie **innen/Tag**

GARTENMARIE Du weißt alles, heilige Muttergottes. Du kennst die Herzen von unsern jungen Leut. Und ich kenns auch ein bissl, und ich bin noch ein bissl näher dortn wie Du, weil ichs halt jeden Tag sieh und weil ichs aufzogn hab die vier. Du weißt alles, und ich möcht nicht so vermessn sein und Dir hineinredn in Deine liebevolle Fürsorge.
Ich tät Dein liebes Augnmerk halt nur richten wolln auf unser Mäderl, die Gervaise, und wies den nettn jungen französischen Herrn so gern kommen sieht. So ein charmanter Herr, und so gut passn tät er zu ihr. Wir haben ja scho die Hespera, die sich daheim aufopfert. Muß denn die andre auch hockenbleiben – ich sags, wies is, heilige Gottesmutter, aufregn könnt ich mich ... bittschön, verzeih mir. Hab ein Aug auf die zwei jungen Leut, das bitt ich Dich so sehr ...

Diele Lautenschlag **innen/Tag**

Hespera steht in der Tür. Mit einem Koffer in der Hand, einer Tasche, im Reisekostüm.

MATHIAS Hespera!!!
Otto! Gervaise! Maman! – d' Hespera is wieder da.

Sie stürzt sich auf Hespera.
Otto und Gervaise kommen.

MATHIAS Warum hast denn nicht telegrafiert, daß wir dich abholn?

Mme. Lautenschlag erscheint, begrüßt und küßt Hespera.
Herr Lautenschlag steht in der Tür.

HERR LAUTENSCHLAG Ja, Mäderl, daß d' wieder da bist.

Die Gartenmarie nimmt ihr die Sachen ab.
Alle drängen Hespera nach in ihr Zimmerchen.

OTTO Und stell dirdir vor, d' Versicherung will 97 Mark zahlen für denden Brand.
HESPERA *(schwach)* Schön ...
MATHIAS Und morgen gehts schon nach Lenggries. Wir haben ein ganz nettes Häusl gemietet.
HERR LAUTENSCHLAG Mäderl, schaust schwach aus.
HESPERA *(lächelt)* Bin ich auch.
HERR LAUTENSCHLAG Wars ned schön?
HESPERA Sie haben immer gestritten.
GERVAISE Deine Freunde? Die Brautleut?
HESPERA Ja, hab immer vermitteln müssen.
MATHIAS Warum heiratens dann?

Hespera zuckt die Schultern.

MATHIAS Was, und dafür bist fast ein Vierteljahr von uns weg.
HESPERA Und du, Papa? Fährst wieder nicht mit in die Sommerfrisch?
HERR LAUTENSCHLAG Nein. Ich mach mirs schön mit der Gartenmarie.

Gartenmarie, etwas weiter weg, lacht abwehrend.

HERR LAUTENSCHLAG Draußen die Hitz ... und wir zwei da herin ... sprechen kein Wort ... alles ruhig ... nur ab und zu hör ich bißl was klappern ... wenns mir meine Suppn macht ...

Während er spricht, ist er immer leiser geworden. Die andern träumen den Traum mit, sind schon fast neidisch.

Landhaus **außen / Abend**

Kleines, altes Landhaus vor den Bergen, freistehend.
Untergehende Sonne.

Weiter weg mäht ein Bauer Gras mit der Sense.
Ein riesiger Rucksack erscheint in der Tür. Otto kommt rückwärts heraus.
Mme. Lautenschlag hinter ihm.

MME. LAUTENSCHLAG Faites attention, je vous en prie, quelle folie! Jedes Jahr diese Wahnsinn!
STIMME MATHIAS Gervaise, bring mir das helle Tüchl mit runter.

Mathias erscheint.

GERVAISE *(von oben aus dem Fenster)* Mathias, da liegt noch deine Uhr, brauchst sie?
MATHIAS Freilich! Brings mit.

Mme. Lautenschlag schaut auf die leichten Schuhe von Mathias.

MME. LAUTENSCHLAG Avec ces chaussures-là??
OTTO Ich hab doch die Bergschuh alle im Rucksack, Maman.

Gervaise und Hespera kommen aus dem Haus.

MME. LAUTENSCHLAG Ah, mes enfants terribles.
HESPERA Wir sind gut ausgerüstet, Maman.
GERVAISE Vielleicht sehn wir uns in Tegernsee.
MME. LAUTENSCHLAG Je ne comprends pas que cela vous plaise!
OTTO *(zeigt in die Berge)* Schau, da drüben liegt er, der Tegernsee. Einfach gradaus nüber. Is garnix dabei.
MME. LAUTENSCHLAG *(nimmt Gervaise auf die Seite)* Gervaise, M. Lhombre kommt vielleicht hierher, willst du nicht auf ihn warten lieber.
GERVAISE M. Lhombre kommt ja doch nur wegen der Musik.

Wiese / Bauernhof **außen / Abend**

Die vier kommen von weither in einem Bogen am Rand einer großen Spätsommerwiese, auf der der letzte Duft eines heißen Tages liegt. Sie gehen schnell. Sie sind ganz nah beisammen.
Näher: Wie sie Hespera anschauen, das Zentrum. Wie sie vorwärtsschnuppern. Wie sie sich anschauen: Verschworene.
An einem Hof vorbei. Ein Bauer dengelt.

DIE VIER Guten Abend.
BAUER So, wo wollts denn noch hin, so gschwind?
DIE VIER Wir machen eine Tour!
BAUER *(lacht)* Bei der Nacht?

DIE VIER Ja, freilich!
BAUER 's Vollmond heut.
DIE VIER Hoffentlich ohne Wolken.
BAUER Der Barometer zeigt gut.
DIE VIER Auf Wiedersehn!
BAUER Ja ja ... *(lacht)* Gut Nacht!

Die vier laufen in einen Wald hinein.

Gebirge **außen / Nacht**

Steig im Wald. Geht rasch in die Höhe. Durchblick auf das Tal im letzten Licht.
Lichtung mit Heuschober. Die vier stehen und schauen. Weiter! Immer rascher das Tempo. Sie fliegen.
Musik.
Die Mädchen mit ihren leichten Kleidern, Strohhüten mit Bändern, umgelegten Wolljäckchen, mit der Kordel um den Hals gebunden, mit kleinen Rucksäcken.
Otto mit Bergschuhen und einem Riesenrucksack, weil er die Kochausrüstung und die Stiefel der Schwestern trägt.
Jetzt dem aufgehenden Mond entgegen. Knackende Zweige. Durch den Wald.
Eine Lichtung mit Rehen. Sie haben sich an den Händen gefaßt. Mathias mit rotem Gesicht, Schweiß auf der Stirn.

MATHIAS *(flüstert Hespera zu)* Schön, daß d' wieder dabei bist!

Weg durch die Lichtung, durch schilfiges Gras. Geräuschloser, weicher Boden.

OTTO *(leise zu Hespera)* Warst lang fort.

Langer, grader Weg durch Fichten. Hoch oben der Vollmond. Das gleichmäßige, rasche Gehen der vier.

OTTO Und da sagt der Prüfer zu mir, warum haben Siesie denn da immer Dollar hintendrangeschrieben? Ich sag, zeigen Sie mal. Tatsächlich! Also? sagt der Prüfer. Sag ich, ich kann nur rechnen, wennwenn ich mir vorstell, ich verdien was dabei.

Die Farben der Hänge, der Büsche, der Laub- und Nadelbäume im Mondlicht.
Gehen.

GERVAISE Also, jetzt hab ich vielleicht eine halbe Stund lang so eine

Phasn ghabt, wos Laufen schwer gangn is, und jetzt is es auf einen Schlag ganz, ganz leicht. Wie ... wie ... wie ...

MATHIAS *(kräht)* ... wie im Himmel!!

Hespera geht ganz rasch und leicht.

HESPERA Ja, wie im Himmel.

Gehen.

MATHIAS *(emphatisch)* Herrschaft, is das alles ordinär am Tag, verglichen mit jetzt!

Sie lachen.
Freie Flächen. Untergehender Mond. Ruhigeres Tempo.

GERVAISE Wie spät ist es?
HESPERA Dreiviertel drei.
MATHIAS 'S wird bald hell.

Am Bach / Gebirge **außen / Nacht**

Kleines Feuer unter Bäumen am Bach.
Sie trinken Tee. Sie frösteln. Kauern sich eng zusammen.

Hinter ihnen ein Zaun. Kühe. Die stehen ruhig da im Zwielicht. Sie grasen, käuen wieder, schnaufen.

HESPERA Seid ihr müd?
DIE ANDEREN Nein, nein, du?
HESPERA Nein. Gehn wir weiter?

Sie stehen auf.

Kleiner Waldsee / Gebirge **außen / Tag**

Sie stehen auf einem schmalen Steg und hören die ersten Vogelstimmen. Der Morgen kommt. Unvermittelt gähnt Mathias ziemlich grob. Gervaise läßt einen Lachtriller los.

OTTO Gibt dein Dampfkessel den Geist auf?
MATHIAS I bin jetzt müd.
HESPERA Dann suchen wir uns was.

Waldrand / Gebirge **außen / Tag**

*Hohe Sonne. Ein Waldrand an einer weiten Almwiese.
Die vier liegen und schlafen.*

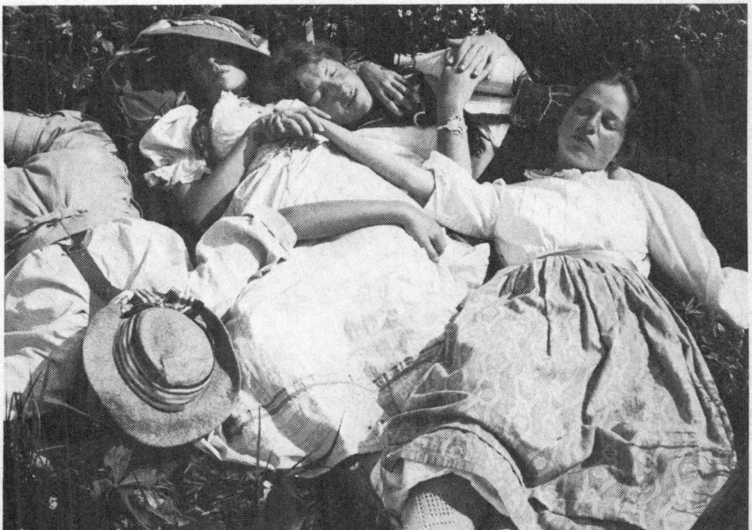

Ottos Kopf liegt an Hesperas Hals.
Gervaise hält Hesperas Hand.
Mathias liegt auf dem Bauch. Ihr einer Arm liegt um Hesperas Taille, als wollte sie sie festhalten.

Steile Almwiese **außen / Tag**

Sie laufen eine Almwiese hinab. Sie halten sich an den Händen.

Steiler Weg / Gebirge **außen / Nacht**

Wieder Mond.
Hespera läuft einen kleinen, steinigen Weg herunter. Wird immer schneller.

DIE ANDEREN Hespera! Paß auf!

Hespera kann sich kaum bremsen.

Am See **außen / Tag**

Frühes Licht. Silbriges Wasser.
Die vier besteigen ein Ruderboot.
Eine mürrische Fischersfrau wird sie zum anderen Ufer rudern.

Auf dem See **außen / Anschluß**

Die vier lehnen sich aneinander.
Morgennebel über dem Wasser.
Ein Fischer holt die Netze ein.

MATHIAS *(leise)* Drüben hauen wir uns noch ein bißl hin. Und dann gibts Frühstück bei der Jamesin.
OTTO Hab ich einen Hunger. Nicht zumzum Fassen.

Versteck unter Büschen **außen / Tag**

Die vier ziehen sich für den Besuch bei der Baronin James um.
Die Mädchen holen ihre zerknitterten, leichten Kleider aus dem Rucksack, sogar Handschuhe. Otto wechselt nur sein Hemd.

Villa am See **außen / Tag**

Baronin James und die vier Geschwister auf der Terrasse der Sommervilla am See.

Sie frühstücken. Sie hauen mächtig rein. Otto grunzt vor Vergnügen. Baronin James schaut ihnen zu und freut sich.

BARONIN JAMES Alle sind heuer wieder da, vollzählig. Aber am liebsten mag ich, wenn die Einheimischen über die königlichen Hoheiten reden: Jessas, da kimmt scho d' Sophie und ihr Radl is no ned gflickt. Des ist ned d' Sophie, des is d' Elisabeth. D' Sophie is, wenn i sag.
So geht das immer weiter ...
Wißt ihr, was passiert ist: Wir dürfen jetzt doch nur noch mit der neuen Briefmarke frankieren, mit dem Kopf des Prinzregenten. Nun haben sich aber die Maler zusammengetan und protestiert, weil die alte mit dem bayrischen Wappen viel schöner ist ... Solche Sorgen hat man in unserem Bayernland.

Hespera ist mit Frühstücken fertig.

BARONIN JAMES Komm einmal, Hespera.

Sie geht mit Hespera nach innen.
Mathias schaut den beiden nach.

Villa James / Salon **innen / Tag**

Hespera und die Baronin James vor dem Fenster, durch das das Licht vom See fällt.

BARONIN JAMES Lhombre ist hier ... Er wohnt in der Villa Schorschl drüben ... macht einer jungen Engländerin schöne Augen ... deine Mutter muß gewarnt werden ...
HESPERA Lieber nicht.
BARONIN JAMES Soll ich deinen Vater alarmieren?
HESPERA Es gäbe nur Unfrieden ... Wir hängen nun einmal in der Luft ...
BARONIN JAMES Gervaise soll sich vor Lhombre in acht nehmen. Er haßt Frauen. Es gibt schon ein paar Opfer. Seine Rache ... für eine tiefe Wunde ... aus seiner Jugendzeit. Aber warum erzähle ich dir das ... paß auf Gervaise auf ...
Und du?
HESPERA Ja?
BARONIN JAMES Denkst du auch mal an dich?
HESPERA Ja.
BARONIN JAMES Deine Reise ...
HESPERA ... war für Freunde ...
BARONIN JAMES Sie brauchten jemand, der vermittelt?
HESPERA Ja.

BARONIN JAMES Es war also ... wie bei euch zu Haus ...
HESPERA Nein, nein. Daheim ... da sind doch wir vier! Und die Eltern.

Baronin James schaut sie nur an. Beide wissen, was gemeint ist.

BARONIN JAMES Denk auch mal an dich!
HESPERA Vielleicht denk ich nur an mich ...

Baronin James streicht ihr übers Haar, gibt ihr einen leichten Kuß, den Hespera erwidert.

HESPERA Die Mondpartien ... *(lacht)* sind nur für mich!

Sie schaut hinaus zu den anderen. Die essen immer noch.

BARONIN JAMES Kannst dich schon hinlegen.

Sie öffnet das Fenster.

Na, wie geht es meinen Mondsüchtigen?
MATHIAS Satt und saumüd.
BARONIN JAMES Ich hab euch die Betten schon herrichten lassen.

Uferstraße **außen / Tag**

Die vier kommen an einem Grundstück vorbei, wo sich Lhombre mit einer aufgedonnerten jungen Dame unterhält.

AUFGEDONNERTE DAME O look at this lovely crew over there. Do you know who they are?

Lhombre schaut Gervaise an.
Gervaise sieht Lhombre. Er dreht sich von ihr weg.

LHOMBRE Yes, I know them. Münchnerinnen!

Weg über dem See **außen / Tag**

Nachmittag. Aufkommendes Gewitter.

OTTO Es is nimmer weit!
GERVAISE Nimmer weit? Wir haben uns verlaufen. Wir sind den falschen Weg rauf.
MATHIAS Zrück is Schmarrn. Also weiter.

Im Berg **außen / Tag**

Gewitter. Die vier patschnaß. Sie steigen verbissen den Berg hinauf. Plötzlich merken sie, wie sie grimmig und sinnlos gegen das Gewitter anlaufen. Schaun sich an. Fangen an zu lachen. Umarmen sich. Lachen noch mehr. Trennen sich. Schneiden Grimassen. Gervaise nimmt einen toten Ast und reitet drauf wie eine Hexe.

OTTO Wenn uns jetzt derder Blitz trifft, kommt ihr als Gewitterhexen in denden Himmel.

MATHIAS *(schreit)* Ich möcht lieber in die Hölle. Da rührt sich mehr!!

Heuschober **außen/Tag**

Großer Almgrund mit Heuschober. Das Gewitter hat den Tag verdunkelt.
Die vier kommen von weit weg. Es sieht aus, als würde der Sturm sie hin und her blasen.
Sie entdecken den Heuschober. Sie rennen drauf zu.
Sie klettern hinein.

Heuschober **innen/Tag**

Der Stadel hat eine Sonne, einen Mond, eine Axt, eine Mutter Gottes ins Holz der Ostseite eingeschnitten wie Fenster.
Der Wald hallt wider vom Donner, es kracht, als ob Bäume umfielen.
Die vier fallen ins Heu, glücklich, endlich aus dem Unwetter raus zu sein.

HESPERA *(wie eine Mutter)* Kommt, ziehen wir uns um, sonst erkälten wir uns noch.

Sie ziehen sich aus. Holen ihre guten Sachen wieder aus dem Rucksack, trocknen sich gegenseitig ab.
Zeitsprung. Sie stehen auf dem Heu mit den Gesichtern zur Ostwand.

MATHIAS Ich möcht mal die Mutter Gottes.
OTTO Und ich diedie Axt.

Sie tauschen die Plätze.

Heustadel **außen/Tag**

Hespera schaut durch die Sonne, Gervaise durch den Mond, Mathias durch die Mutter Gottes und Otto durch die Axt.

MATHIAS *(ruft zu Otto)* Schau doch mal nach ...
OTTO Was?
GERVAISE Halt was die Jamesin eingepackt hat.

HESPERA Habt ihr etwa schon Hunger?
DIE ANDEREN Du vielleicht nicht?

Heustadel **innen / Tag**

Hespera dreht sich von ihrer Sonne weg, schaut die anderen an und sagt schlicht, aber wirkungsvoll ...

HESPERA Ich hab einen Hunger wie drei Holzknecht.

Indianergeheul der anderen.
Otto öffnet den Rucksack.
Gervaise breitet ein Kopftuch aus.

MATHIAS *(sagt an)* Une grande bouteille de vin rouge. Voilà. Vier Viertel Brathendl in einer superben Gelatine. Et enfin le Guglhupf glacé mit Schoklad.

Zeitsprung.
Sie sitzen und essen. Das Gewitter hat nachgelassen. Um sie herum hängen auf Stangen ihre nassen Kleider.

MATHIAS ... und plötzlich hat die Jamesin mich gfragt, was ich mal werden will.
Wir machen miteinander einen Wanderzirkus, hab ich gsagt.
OTTO Wanderzirkus ... da brauch ma erst amal Geld. Ich gehgeh nach Afrika, entdeck eine Mine undund werd Diamantenminenbesitzer.
D' Gervaise geht zum Theater ...

Gervaise wehrt lustig ab.

D' Hespera ... du, sag amal, was machst du amal?

Hespera hebt die Schultern und läßt sie mit einem Mona-Lisa-Lächeln sinken.

MATHIAS Beruf ... Beruf ... ist doch viel zu ordinär für d' Hespera.
OTTO Aber heiraten darfst nicht!
MATHIAS ... und plötzlich schaut mich die Jamesin so komisch an und sagt, du hättest das Zeug für eine Schriftstellerin.

Mathias ahmt das dumme Gesicht nach, das sie daraufhin gemacht hat.

HESPERA *(leise)* Das glaub ich auch.
MATHIAS *(baff)* Du auch??
Aber ... aber ... wenn ich schreiben tät, müssen sie sich immer kriegen. Es muß immer gut ausgehn! Und ... und ... immer Bayern

und Franzosen ... Nein ... ich schreib gegen den Krieg! Daß Franzosen und Bayern nie mehr gegeneinander Krieg führen. Das müßt den Leuten so furchtbar zu Herzen gehen ...

Ein gewaltiger Donnerschlag. Sie sind still.
Nach einer Weile stützt Mathias die Stirn in die Hand und spricht altklug-melancholisch ...

MATHIAS Was wären die Deutschen für nette Leute, wenn sie dazu noch Franzosen wären.

HESPERA *(nach einer Weile)* Ich glaub, es wird wieder klar.

Otto steht auf und öffnet weit die beiden Flügel des Tors.
Der aufgehende Mond mit Wolkenstreifen.
Sie sitzen und schauen.

Almwiese mit Heustadel **außen / innen / Tag**

Hespera liegt auf dem Heu im Morgenlicht wie ein großer weißer Falter.
Gervaise nicht weit von ihr.
Mathias kommt auf den Stadel zu, steht vor den Schwestern, schaut sie an. Hespera hat die Augen schon auf.

MATHIAS Der Weg war doch recht. Da vorn ist die Almhüttn.

OTTO *(schläfrig, von hinten)* Ham wir Geld gspart.

MATHIAS Ja. Um so mehr können wir dann verfressen. Wir wern so stinknobel fressen wie noch nie.

Neben Hespera im Heu liegt ihre Geldbörse, die Tourenkasse.
Gervaise richtet sich auf.

MATHIAS Guten Morgen. Was schaust denn so?

GERVAISE Blöd geträumt.

Gebirge **außen / Tag**

Graugrüner Tag. Melancholisch.
Die vier steigen.

MATHIAS *(zu Gervaise)* Was hast denn 'träumt vorhin?

GERVAISE Wir waren wieder bei der Überfahrt. Die Bootsfrau ist vom andern Ufer nie herübergerudert und hat uns nicht holen wollen. Wir sind dann auf unserer Seite weitergegangen. Es war kalt. Der See war grau. Wir haben gezählt, wie lang die Wellen brauchen, weil sie so langsam gekommen sind. Ich war in Weiß mit einem schönen roten Hut und meinen roten Schuhen. Plötzlich ist mir der Absatz von dem einen abgebrochen. Ihr wart jetzt alle fort. Ich war allein. Wie ich zu ihm hinke und ihn aufheben will, wars ein ganz kleiner Myrtenstrauß.

MATHIAS Ende gut, alles gut.

Sie gehen.

Das wär wieder so ein Traum, mit dem der blöde Freud rein nichts anfangen könnt. Dem sag ichs aber, wenn ich ihn mal seh.

Karges Gelände **außen/Tag**

Sie haben alle Kleider, Schuhe, Kochutensilien aus dem Rucksack genommen, suchen alles ab.

HESPERA Vielleicht hab ichs im Stadel verloren, es tut mir so leid ... es tut mir ...
OTTO Ich geh zurück.
HESPERA Das ist doch viel zu weit.
OTTO Das macht mir nix.

Zeitsprung.
Hespera und Mathias sitzen und warten auf Otto. Weiter weg bückt sich Gervaise nach Steinen, hebt einen auf, läßt ihn wieder fallen.

MATHIAS Ich hab so ein blödes Gefühl ... Mir gefällt das Leben gar nicht ...
HESPERA *(streichelt sie, zart)* Wir hängen halt alle in der Luft.
MATHIAS Ich glaub, ich wart immer nur. Ich wart nur aufs Irrenhaus. Wie die grand-mère.
HESPERA Mathias!
MATHIAS Geh nicht!
HESPERA Irgendwann muß ich doch mal ...
MATHIAS *(schreit)* Was?

Gervaise schaut erschrocken auf.

MATHIAS Nicht schon jetzt! Stell dir das doch vor im Haus, wenn du gehst und ich muß bleiben.
HESPERA Ich geh ja nicht ...
MATHIAS Dann sag auch keine so niederträchtigen Sachen.

Zeitsprung.
Otto kommt von weit, er winkt, er hat die Geldbörse.
Sie fallen ihm um den Hals.

HESPERA Dafür wirst du Diamantenkönig.

Extremes Gelände **außen/Tag**

Schwefliges Licht. Immer höher. Baumgrenze. Immer melancholischer. Riesige graue, steile, glatte Flächen.

Sie überqueren eine Sandreiße.
Hespera rutscht ab.
Die anderen zerren sie zu sich herauf, rutschen nach.
Angst in den Augen.
Plötzlich jeder für sich, als ob sie sich verloren hätten.
Die riesigen metallfarbenen Flächen.
Die vier nur noch als kleine Punkte.
Bedrohliches Licht.

Wohnung Lautenschlag **innen/Tag**

Blick von der Diele in den Salon, vom Salon ins Eßzimmer und ins Musikzimmer.
Es regnet gegen die Scheiben, an denen nasses Herbstlaub klebt.
Ein Fenster schlägt im Wind.
Die Wohnung ist menschenleer. Stühle stehen aufeinander. Die Möbel sind mit Tüchern und Papier abgedeckt. Lücken in der bekannten Einrichtung.

STIMME DER ERZÄHLERIN Was ist noch zu sagen?
Daß Lhombre zum Ärger von Herrn Lautenschlag seine Machtstellung ausbaut und die abendlichen Mahlzeiten nach seinen Wünschen gestaltet werden ...
Daß er Gervaise mit den Augen immer mehr verspricht ... und sich dann ohne Begründung aus dem Staub macht.
Mme. Lautenschlag wird das nie verwinden.
Und Hespera?
Was erwarten wir? Sehen wir sie brav einen bürgerlichen Haushalt führen? Sehen wir sie Geld verdienen? Nein. Hespera stirbt im nächsten Winter in wenigen Tagen an einer Grippe. Unvergeßlich bleibt den Teilnehmern an der Bestattung die Fassungslosigkeit von Otto.
Die Schaukel steht still. Denn Hespera, der stille Mittelpunkt, der Talismann und Schutzgeist der Familie, ist gegangen.

Überblendung.

Glaspalast (Dokument)

Die Bilder vom brennenden Glaspalast scheinen durch die leere Wohnung und überlagern sie schließlich.

STIMME DER ERZÄHLERIN So kam es, daß bei der Nachricht vom

Brand des Glaspalastes zwischen den drei weit voneinander entfernt lebenden Geschwistern derselbe sonderbare Wunsch funkte, daß auch das Haus ihrer Kindheit verbrannt sein möge, in dem sie mit Hespera gelebt hatten.

Überblendung.

München-Silhouette / Kolb-Fotos

Musik.
Die München-Silhouette blendet durch.

STIMME DER ERZÄHLERIN Halt! Wir haben Mathias vergessen!

Überblendung von Annette Kolb-Fotos. Jung. Dann immer älter werdend.

STIMME DER ERZÄHLERIN Natürlich wurde sie Schriftstellerin. Sie wurde ... Annette Kolb, die couragierte Person, die, unter ständiger Zurücklassung eines Schuhs, eines Tascherls, eines Schirms, die Welt bereiste, um Staatsmännern die Sittenwidrigkeit von Kriegen vor Augen zu führen.

Foto von Annette Kolb mit Kapotthut.

STIMME DER ERZÄHLERIN Fräulein Kolb! wie sie genannt sein wollte. »Fräulein, bitt schön! Fräulein! Ich hab's net g'habt.«

Überblendung. München-Silhouette.

Schlußtitel.

Wolfsschlucht

Gedanken beim Gehen im Gebirge
nach dem siebenunddreißigsten Drehtag

Nichts öffnet so sehr wie Gehen.
Es kommt nicht aufs Wetter an. Auch nicht auf spektakuläre Ausblicke. Spätestens nach einer Stunde Gehen fällt die Unruhe durch das Sieb der Schritte. Befürchtungen, Sorgen, ungute Spekulationen, die die Entstehung eines Films ständig belasten, schrumpfen zurück aufs jeweils angemessene Maß.
Ich gehe gern an Waldrändern und an Müllkippen, durch Vorstädte und Dörfer, am Wasser, durch Gehölz, auf sanften oder steilen Steigen im Gebirge. Nur sogenannte Sehenswürdigkeiten sind meinem Gehen hinderlich.
Diesmal also im Gebirge.

Trüber Tag. Naßkalt. Pfingstsonntag, 22. Mai 1983, 7 Uhr.
Wildbad Kreuth. Vorbei an der Hans-Seidel-Stiftung mit ihrer menschenleeren Sauberkeit hinter dem gesperrten Zufahrtsweg. Am alten Bad frage ich in ein offenes Fenster hinein eine Frau, die Eischnee schlägt, nach dem Weg in die Wolfsschlucht.
Wie der breite Spazierweg zum Gebirgspfad wird, tauche ich wieder in meinen Film hinab. Ich sehe Christine Kaufmann in einer Ecke der Lautenschlag-Wohnung stehen und sich die Ohren zuhalten. Sie macht das immer kurz vor einer wichtigen Szene, um uns nicht zu hören. Das Stimmenchaos: Hast du die Farbtafel gedreht, gib mir noch mal die Grenze für die Angel, da kannst du auf keinen Fall stehen, wer schlägt die Klappe ... Christine ist vorbildlich, überzeugt alle. Disziplin, Können, und wie richtig sie ist für diesen französischen Vogel im Käfig einer bayerischen Beamtenwohnung; die Kinder großziehen mußte, statt ihren Pianistenberuf auszuüben, und der der Krieg von 1870/71 eine Rückkehr nach Paris unmöglich machte. Nun sind die Kinder fast erwachsen, Madame Lautenschlag ist noch schön, aber ihre Nerven sind erschöpft – gleich wird sie anfangen zu schreien. »Die Hausfrau in Gottes Zorn« versteckt sich in der Musik und in französischer Konversation. Christine ist halbe Französin. Ich hatte das nicht gewußt, als ich ihr die Madame Lautenschlag anbot. Sie kennt von ihrer Mutter nicht nur die Sprachnuancen, sondern auch

Percy Adlon, fotografiert von seinem Sohn Felix

die Gefühlslage einer mit einem deutschen Mann verheirateten Pariserin. Das spüren und sehen wir alle.
Solche Glücksfälle sind lebensnotwendig für einen Film.
Was man am deutlichsten sieht: Lebenserfahrung in Gesichtern. Gute Schauspieler verstellen sich nicht. Stellen ihr Gesicht nicht zu mit einer Rolle, sondern machen sich durchlässig für die Erfahrungen, die sie selbst und der Zuschauer von der Rolle erwarten. Bringt der Schauspieler dann noch eine biographische Affinität für die Rolle mit, kommt es durch das Höchstmaß an Glaubwürdigkeit zur Zwiesprache mit dem Zuschauer.

Vor mir zieht eine tiefhängende Wolkenbahn in die Höhe, als ob eine graue Fahne hochgezogen wird. Der Weg ist nicht mehr markiert, es geht fast eben dahin im Wald, dann wieder steil, es ist kälter geworden, der Weg wird noch schmäler, jetzt nur noch eine zarte Trittspur, oder ist es nur noch ein Wildwechsel? Ein wolkenverhangenes Tal und eine hohe nasse Felswand gegenüber, vor mir geht's steil hinunter. Verlaufen. Zurück.
Ich gehe hier nicht, um mich vom Drehen zu erholen, was ich gern täte. Ich gehe hier, um die Plätze für die Mondscheinpartien der Geschwister zu suchen. »Geh nach Berchtesgaden«, hat Manfred, der Beleuchter, zu mir gesagt, »da gibt's ein Naturschutzgebiet, ein prima Hotel, da waren schon x-mal Filmleute, mit Ganghofer und so, jede Art von Gebirgsformation, da kriegst du alles.« Es stimmt, man wird später dann im Film diesen von jenem Berg nicht unterscheiden können. Aber ich bleibe ein eingefleischter Dokumentarfilmer. Ich kann ohne Not nicht mit Schauplätzen mogeln. So bin ich auch immer wieder in die Sophienstraße gerannt, wo die Familie Kolb wirklich gewohnt hat, und habe mir vorgestellt, wir müßten gegenüber im Alten Botanischen Garten einen Teil des Glaspalasts wieder aufbauen. Daß es in der Sophienstraße gar keine Häuser aus der Mitte des vorigen Jahrhunderts mehr gibt, wollte mir wohl in den Kopf – aber nicht ins Gefühl. Die Originalschauplätze der Bergtouren aber gibt es noch. Die Lautenschlags mieten ein Häusl bei Lenggries – da sollte man das Brauneck sehen! –, laufen bei Mondlicht nachts hinüber zum Tegernsee, setzen frühmorgens mit der Fähre über, frühstücken am See bei der Baronin James, geraten auf dem Weg in die Blauberge in ein Gewitter, klettern höher und höher in immer kargeres Gelände. So klein das auf der Karte aussieht, das Gebiet ist für die Bewegungen eines großen Filmteams riesig. Kamerabus, Lichtwagen, Aggregat, Tonauto, Schauspielerbus, Maske, Garderobe ... Wie kommt man mit dem allen da hinauf, zu dieser Alm, dann bis zur Baumgrenze und höher? Jeder Schauplatzwechsel kostet Zeit. Aber ich muß hier ganz

authentisch arbeiten. Das ist das Bayern, wie Annette Kolb es sieht: die Tegernseer Mischung aus Fischern und Herzögen, Bauern und Künstlern. Annette Kolb war ja selbst von ihres Vaters Seite her »ein Wildling aus dem Hause Wittelsbach«, wie Erich Kästner das nannte. Diese verrückten Touren gehören hierher, in diese Landschaft. Also weiterlaufen und Forstwege aufspüren, für die wir vielleicht Fahrgenehmigungen bekommen werden, Materialseilbahnen ausfindig machen für unser schweres Gerät. Denn einfach auf den Wallberg mit der Gondel? Nein. Auf jeden Fall muß das Team reduziert werden. Aber wer ist entbehrlich?

Auf der Karte entdecke ich, daß ich in Richtung Halserspitze gegangen war und dann gleich noch mal falsch. Ich sitze als einziger Gast in der Siebenhüttenalm. 9 Uhr. Die Spiegeleier haben sie in einer kleinen Form gebraten, da läuft das Weiße nicht auseinander. Zwischen Gaststube und Küche gibt es einen dunklen Zwischenraum, aus dem es intensiv nach warmem Käsekuchen duftet. Die Unterhaltung der drei kochenden Frauen, eines jungen Mannes und eines älteren, der mit Herr Doktor angeredet wird, ist wie eine Musik, bei der keine Stimme die andere stört, auch wenn zwei oder drei gleichzeitig reden. Ich kenne das gut von Ammerland her, von meiner Kindheit, wo sich die Nachbarn, Bauern, zu denen gern ein Professor, ein Kammersänger oder der Graf Pocci in die Küche kam, mit einem solchen Taktgefühl mit ihrem Gast unterhielten. Interessant dabei ist, wie wenig der einzelne beim Sprechen moduliert. Jeder hat seine Tonhöhe, seinen Rhythmus und behält die außer in extremen Situationen bei. Ich arbeite mit Schauspielern gern an solch einem unverwechselbaren Tonfall, der nur selten, nur für besondere Akzentuierungen, verlassen werden sollte. So bekommt jede Rolle in der Partitur ihre Stimme, die für sich allein gehört fast monoton würde, aber im Zusammenspiel mit den anderen eine unverwechselbare Farbe gibt. Wie jetzt nebenan in der Almküche: Der Doktor ist das Fagott, die Mutter klingt wie eine Bratsche, der Junge mit den kargen, tiefen Einwürfen wie die Tuba.
»Annette Kolb – ein Musikant, dem das Schicksal sein Orchester vorenthielt und sie zu Askese und deutscher Grammatik verurteilte«, sagt ihr Freund, René Schickele.
Aber ihre Bücher sind Partituren, und das ist es, weshalb ich den Schaukel-Film mache. Ich suche die Musik der Schaukel. Und die ist nicht sanft dahinplätschernd. Die führt die ganze Skala von kleinen und großen Gefühlen vor.

Es hat aufgehört zu regnen. Doch der Tag bleibt dunkel. Das Flußbett hinauf. Zwischen den großen wilden Steinbrocken mit den ausgelaugten Wurzelballen und den fahlen, nackten Bruchstämmen nur Rinnsale von Wasser. Links in die kleine Wolfsschlucht. Wie ein Strich kommt das Wasser hoch von den Felsen. Es hat einen runden Trog geschlagen. Ein Strahl, fast einen Meter dick. Im letzten Teil der Bergtour da die Lautenschlagkinder drunterstellen! Großaufnahmen der Gesichter, wie sie vom herabstürzenden Wasser geschüttelt werden. Aber das wird zu kalt sein. Hier könnte man verhältnismäßig leicht herkommen. Aber nur bei solchem Wetter hat der Ort das Beklemmende, das ich für den Schluß suche. Warum dieser wilde Schluß? Er resümiert den Film. Die Mondscheintour ist ein Trip. Die vier jungen Leute schmeißen einen Trip. Sie probieren die Grenze aus. Es beginnt an einem seidigen Spätnachmittag. Lyrisches Gehen. Dann Dunkelheit. Schneller. Mond. Kleine Ekstasen. Rast. Essen. Beruhigung. Und wieder hinauf. Höher. Höher. Wie Madame Lautenschlag in die Musik, wie Herr Lautenschlag zu seinen Gärten, fliehen die vier in die Ekstasen ihrer Mondpartien. Auf der Suche nach einer Freiheit, die sie sich im Leben vielleicht nie werden erobern können. Aber das ist beim Gehen gleichgültig. Denn das Gehen jetzt ist Leben. Da gibt es keine Prognosen, Programme, Konzepte, die sich schnell als Fehlprognosen und falsche Konzepte herausstellen. Sie steigen. Sie fühlen, wie das Blut pumpt, das Herz bis in die Ohren schlägt.

Ich bin aus der kleinen Wolfsschlucht heraus, in die große hinüber und steige den feuchten Pfad – in der Karte mit punktierter Linie »nur für Geübte« – hinauf zum Schildenstein. Hoch über mir drei Leute. Solche Bilder müßten es sein. Kann man die Schauspieler da hinaufklettern lassen? Und können sie es? Ja, das Blut pumpt bis in die Ohren. Die Wolken bilden Säcke um die Felsen, geben Trichterdurchblicke ins Flußbrett frei, das grauschwarz tief unten liegt. Ich bin zu schnell und wie besinnungslos gestiegen, habe nichts gesehen, völlig okkupiert von den Problemen dieses Bergdrehs. Das Blut dröhnt im Kopf. Könnte Peer Raben das für den Schluß verwenden? Das immer stärker werdende Herzklopfen der vier auf ihrer Tour? Dazu die fernen Glocken von den Almen, für Gervaise das Lhombre-Motiv – die Arie aus »La dame blanche«, die Raben den »Herrn Schatten« immer singen läßt – und dann das Kaiserwalzerthema . . . und die Mozart-Melodie . . . aber verfremdet, heutig!
Warum bin ich zu Peer Raben gegangen? Daß er Fassbinders Komponist war und daß sie »alle« zu ihm gehen, ist mir eher unheimlich. Aber auch ich konnte nicht mehr los, nachdem ich ihn kennengelernt hatte. Er ist wie ein sehr guter Schauspieler, der ganz nachgiebig auf das hört und eingeht, was von ihm verlangt wird, und der doch nie

etwas von seiner Eigenart verliert. Vor einem halben Jahr, als wir uns zum ersten Mal trafen, nachdem er das Buch gelesen hatte, sagte er in seiner schleppenden Sprechweise, daß ja eigentlich alle Musiken schon im Buch vorgeschrieben seien. So, hatte ich gedacht, er sagt ab. Und daß, fuhr er fort, das eigentlich sehr reizvoll sei, daraus etwas zu machen ... denn ich würde ja wohl keinen Komponisten bezahlen, wenn ich einfach alles original nehmen wolle. Ich sagte ihm, daß ich alles aus der Musik entwickelt haben möchte, die man im Film sieht, daß ich Untermalungsmusiken im Film hasse, wenn Musik degradiert wird zur Lückenbüßerin. Daß Musik, wie Licht, Bewegung, Worte, Gesichter, existentielle Bedeutung im Film haben müsse und erst da ansetzen dürfe, wo sie allein die Anteilnahme auf den Gipfel führen kann.

Ich überhole das Ehepaar mit der riesigen Tochter. Wie eine von Zwinger! Mit diesem gottergebenen Ausdruck. So hat es immer junge Leute gegeben, die sich von den Eltern auf Berge oder Bälle, zu Tantenbesuchen oder Traualtären schleppen lassen, und andere, wie die Lautenschlagschen, die sich frühzeitig emanzipierten und dann lieber den Preis für die Freiheit zahlen.

Da schießt mir die Szene mit den Goldstücken in den Kopf und wie Anja das spielt. Wir hatten schon gedreht, wie Vater Lautenschlag aufsteht, ans Fenster tritt und mit einer Brotscheibe hantiert. Anschließend groß das Brot mit den Goldstücken drin. Mathias soll nun vom Büfett mit den Desserttellern an den Tisch kommen, den Segen entdecken und erst baff, dann immer glücklicher und glücklicher ihr »merci, ganz narrisch bin ich vor ... oh, que je suis heureuse« zwitschern. Aber wie Anja dann loslegte, einen feuerroten Kopf dabei bekam und vor Glück fast explodierte ... ich heulte als erster, und ich weiß nicht, wie viele im Team noch mit! Ja!!! Sie ist Mathias. Die streitbare, schlagfertige, extravagante, melancholische, ungebundene Einzelgängerin Annette Kolb. Das Porträt der Schriftstellerin mit fünfzehn Jahren, die noch nicht weiß, daß sie einmal schreiben wird, die ihre Erinnerungszellen genau belichtet, unverlierbare Bilder und Töne.

Das Problem bei der Besetzung von Mathias war, daß mit dieser Rolle der Film steht oder fällt. Da gibt es nichts abzufangen, auszugleichen. Sie muß ein Original sein in ihren Bewegungen, ihrer Stimme, in ihrer Art zu reagieren. Sie muß das burschikose Wesen haben und wie in einer einzigen Linie ihr chaotisch-poetisches Elternhaus signalisieren.

Ich hatte Anja in einem »Tatort« gesehen. Man brauchte kein Fachmann zu sein, um zu merken, wie begabt sie ist – und daß sie Mathias

Herstellungsleiterin Eleonore Adlon

wäre ... wenn sie bayerisch könnte. Zwar ist sie in München aufgewachsen, aber ihre Mutter, Käte Jaenicke, ist Berlinerin, und Anja kann berlinern, daß sich die Balken biegen. Nun hatte ich mir vorgestellt, daß die Lautenschlags, außer Madame natürlich, alle dieses sogenannte Hofbayerisch beherrschen müßten, das zum Beispiel Gustl Waldau so schön sprach oder – klassisch – Annette von Aretin spricht. Dann fiel mir beim Abhören einer Originalaufnahme mit Annette Kolb auf, daß sie dieses Hofbayerisch gar nicht richtig konnte, sondern einen merkwürdigen Privatslang aus allem möglichen sprach, und daß meine Schauspieler eigentlich gar keine waschechten Münchner sein dürften, um diese »Mischehenmünchner« zu spielen. Das war dann auch die Entscheidung für Anja Jaenicke, die uns seither täglich verblüfft und inzwischen ein volubles Bastardbayerisch kräht, krächzt, flötet und trompetet. Sie benutzt alle Register, bleibt immer sie selbst. Nichts von der schönen Monotonie, die mir vorhin in den Sinn kam. Sie schaut nur kurz zum Dirigentenpult, weiß schon, wie es laufen muß, und legt ohne Anlauf los.
Ich sehe sie vor mir, wie sie damals sagte, »die Rolle können nur zwei spielen, der David Bennent oder ich, und da der David leider ein Junge ist ...« – und beendete den Satz mit so einem typischen Anja-Kickser, auf den wir uns täglich freuen und der auch immer kommt, nicht zu oft, aber auch nicht zu selten.

Ich habe ein breites, schmutziges Schneefeld traversiert und denke, man wird ganz schön alt auf so einer Tour. Da sehe ich Hespera als alte Frau.
Ich hatte ein Jahr darauf gewartet. Es mußte für diesen Schluß noch etwas passieren. Mathias sieht die Schwester, die im nächsten Winter an einer Grippe sterben wird, die zu Hause »hockengeblieben« ist, weil die Familie sie nicht losgelassen hat, als alte Frau. Hespera ist auf dieser letzten Tour durch ihr Leben gegangen. Ich sehe Susannes große, braune, merkwürdig leicht nach unten hängende Augen. Sie war Hespera auf dem ersten Foto, das ich von ihr sah. Aber die Figur war damals noch viel harmloser. Das »alte junge Mädchen« kam von Susanne. Sie wurde viel mehr Muttterersatz, als das Drehbuch es vorsieht. Da streicht sie Otto über die Nase, gerade hat sie den unheimlichen Monsieur Lhombre mit Gervaise beobachtet. Otto lächelt kindlich-glücklich über die Liebkosung. Sehr schön macht Joachim das und auch das gar nicht leichte holprige Sprechen. Joachim Bernhard war der Allgäuer Bub, der Radiobastler, in meinem Sophie-Scholl-Film.

Im Sattel vor dem Aufstieg zum Gipfel steht ein großer, blonder, rosiger, schwitzender Junge von etwa neunzehn Jahren. Schwere Berg-

schuhe, voller Rucksack, dicke Wollstrümpfe ... und Angst in den Augen. »Sind Sie auch da rauf?« fragt er. Ja, warum? »Ganz schön haarig«, sagt er. Haarig? Da sind doch überall Seile dran. Da schaut er wie so ein kleiner Kater und sagt lieb, mit einem Gesicht wie Otto, wenn Hespera ihn streichelt, »mir fehlt eben noch die Übung.« Es war wirklich nicht schwer gewesen. Aber wenn's schwer gewesen wäre, ich hätte es nicht gemerkt. Entfernung, Zeit, Gefahr, Anstrengung – alles war wie weggefressen von den siebenunddreißig Drehtagen. Von den Bildern, die mit jedem Drehtag in mir fordernder werden. Was habe ich alles versäumt, was alles falsch gemacht.
Wir haben noch nicht alle Motive zusammen. Die Halle Zwinger fehlt noch. Was war das für eine Arbeit, bis wir die Herren vom Gaswerk überzeugt hatten, daß wir trotz der Sicherheitsbestimmungen in der alten Halle unsere Blumenausstellung aufbauen müssen. Ich sehe Heidi Lüdi vor mir, wie sie, dunkel, schmal, drahtig, in ihrem blaugestreiften Hemdkittel, ihre Mannschaft mit Schweizer Akzent, aber wirklich nicht im Schneckentempo dirigiert. Sie leistet gewaltige Arbeit. Die ganze Wohnung Lautenschlag wurde nach ihren Entwürfen in einem leerstehenden Haus eingebaut. Vor den Fenstern Teile des Glaspalasts. Dann das Haus Zwinger und das Landgut, das Stadt- und Landhaus der Baronin James, die Wohnung Erlendicht, die Außenmotive in einer modernen Stadt, wo es fast keinen Blick ohne Antennen und Verkehrsschilder gibt.
Renate Korn macht die Außenrequisite. Da schleppt sie wieder einen Lorbeerkübel her, Körbe voll alter Bücher, Wagenladungen mit Antiquitäten. Für lebende und tote Requisiten ist sie verantwortlich. Für Droschkengäule, Bierrösser, einen edlen Viererzug. Mit welchem Verantwortungsgefühl sie alles aussucht. Wolfgang Rux betreut das dann beim Drehen weiter. Die Sorgfalt, mit der er Blumen ordnet und frischhält, einen Buchrücken nach vorne dreht, den riesigen Blumenkohl immer wieder neu zum Dampfen bringt. Da stehen sie alle um die Kamera herum. Eine schwierige Szene ist endlich gelungen. Einen ganzen Tag haben wir an einer Einstellung des »Lämmersprungs« in der Stuckvilla gearbeitet. Da stehen wir, sind glücklich und freuen uns. Gretl, das Skript, Fanny, meine Assistentin, Wolfram Kratz, der Oberbeleuchter, Thomas und Tilo, die Kameraassistenten, Rainer und Holger, die Tonleute, die auch bei »Céleste« dabeiwaren, Evelyn und Paul, die nicht schminken im üblichen Sinn, sondern Linien verstärken, Akzente setzen, Unordnung oder Ordnung in Gesichtern schaffen, Verdecktes aufdecken. Besonders bei Komparsen erleben wir immer wieder Überraschungen, was die beiden zutage fördern. Für Ulrich Tukur, der den Lhombre spielt, haben wir gemeinsam eine Warze unterm linken Auge erfunden. Denn die Gefährlichkeit dieses

Herrn kommt aus den Augen, und die Warze zieht auf Anhieb die Aufmerksamkeit auf die Augenpartie.
Man ist schnell per du. Wir sind aufeinander angewiesen. Es ist wie auf einer Expedition.

Auf den Gipfel des Schildensteins waren's noch zwanzig Minuten. Das Kreuz ist einzementiert in einen riesigen häßlichen Betonblock. Ich höre Stimmen von unten. Es ist das Ehepaar mit der überdimensionalen Tochter, die gleich entdeckt, daß das Gipfelbuch gestohlen ist. Dann packen sie ein reichhaltiges Mittagessen aus. Ich verzieh' mich auf einen Felsvorsprung etwas tiefer. Die Wolken wabern um den Gipfel. Es hat wieder angefangen zu nieseln.
Ich sehe Lena Stolze vor mir, nachdem sie sich nach langem Hin und Her von meiner und ihrer Seite entschlossen hatte, die Gervaise zu spielen. Nach der Sophie Scholl wäre die Entscheidung für jede Rolle schwierig gewesen. Und jetzt diese Gervaise mit ihrem hausmacher Theatertalent. Wenn die Nachahmungsszenen mißlingen? Und Mathias ist und bleibt die Nummer Eins. Wird Lena es schaffen, diesmal nicht die Nummer Eins zu sein? Da betritt sie unsere Wohnung. Gervaise Lautenschlag steht vor mir. Ich merke, daß ich nie Lena gesehen hatte, sondern immer nur Sophie Scholl. Jetzt hat sie die Haare zurückgenommen, Hals und Schultern formen genau die Linie, die sie auf den Zeichnungen der Germaine Kolb entdeckt hat. Lena kann arbeiten.

Ich steige ein Stück weiter hinunter und gehe auf einen Vorsprung hinaus, der harmlos in den Wolken steckt. Ein Windstoß reißt ein Loch in den Himmel und gibt einen Blick in die Tiefe frei. Es gibt mir einen kurzen Riß, wie wenn die Zähne zusammenschlagen, dann gehe ich vorsichtig weiter auf den Felsvorsprung hinaus und setze mich hin. Ein Laut, den ich gut kenne, wie ein Grunzen, ist mal näher, mal ferner zu hören. Jetzt von verschiedenen Seiten. Bergdohlen kreisen über mir. Erinnerung an die Zeit im Landheim Stein an der Traun, wo unsere Schülerzimmer im Schloß auf den Nagelfluhfelsen mit den Bergdohlenhöhlen sahen.
Die fünf Wochen, bis der Film abgedreht sein wird, erscheinen unendlich lang, der 25. Juni unerreichbar. Der Termin für den darauffolgenden Schnitt steht wie ein imaginäres Datum im Kalender, obwohl Clara schon seit Wochen am Rohschnitt arbeitet. Ich sehe sie, die Langvertraute, vor mir, wie sie das Material einlegt, eine Weile durch die Hand laufen läßt und dann vorsichtig freigibt, wie man ein Kind mit einem netten Zuspruch in die Schule schickt. In acht Wochen wird der Film dann geschnitten und vertont sein; er wird etwa zweieinhalb

Stunden lang werden. Ich habe dann fast zwei Jahre an dem Sujet gearbeitet. Ende Oktober ist Premiere. Kurz vorher beginnt die Zeit der Fragen. Warum haben Sie gerade dieses ... Was ist der Inhalt ...
Ich probiere Antworten aus:
Die Schaukel ist ein Synonym für das Leben. Für das Lebensgefühl einer Fünfzehnjährigen. Und für das Lebensgefühl ihrer Geschwister, ihrer Eltern. Leute mit ausgeprägtem Freiheitsdrang. Jeder für sich. Aber immer die andern mit empfindend. Und doch jeder einsam. Der Film beschreibt in verschiedenfarbigen, verschieden temperierten, gegensätzlichen Szenen das Zusammenleben von Menschen. Ihre Sehnsüchte, ihre Ängste, Träume, Mißverständnisse und wie nie etwas nur traurig oder nur lustig ist, sondern im Gelächter der Weinkrampf und im Krach die Versöhnung steckt. Der Film beschreibt, wie jeder täglich versucht, sich ein wenig von dem zu erkämpfen, was er zur Selbstverwirklichung braucht, wie verschieden die Menschen das anstellen, wie sie dabei Erfolg haben oder auf die Nase fallen.
Ich weiß, ich werde mich wiederholen, werde nie den Punkt finden, auf den es ankommt, denn meine Aussage ist der Film selbst, und das andere sollen die anderen finden. Nur die Frage nach dem Inhalt beunruhigt mich. Denn der läßt sich sehr schwer auf eine schnittige Formel bringen. Kaum habe ich begonnen, merke ich, daß ich nichts überspringen will, am liebsten würde ich gleich den ganzen Film zeigen. Warum also antworten? Weil prompt das Gerücht vom handlungslosen Film aufkommen wird, und da bleibt das Publikum weg.

Eine der Dohlen steht jetzt über mir, sie schaut mich an, bewegt den Kopf.

Ich beschreibe etwas, das ich kenne: Leben in München. Ich mache diesen Film nach Annette Kolbs Roman »Die Schaukel«, weil keine Wie-geht-es-weiter-Handlung die Bilder zu Illustrationen degradiert. Wie jede andere Kunstform ist auch der Film eine Wahrheitssuche. Eine kleine autonome Welt wird künstlich hergestellt, die die Gegebenheiten der großen wirklichen Welt widerspiegeln soll. Wir versuchen eine dem Leben ähnliche Choreographie zu finden, bei der wir uns unter Gelächter und mit Rührung selbst wiedererkennen. Beim Erfinden und Inszenieren dieser kleinen Welt spielt die größte Rolle das Licht. Nicht als Zugabe zu einem schönen Film! »... außerdem war der Film toll fotografiert ...« Nein, das meine ich nicht. Ich meine, daß das Licht für den Film das ist, was für die Musik die Töne sind, für die Malerei die Farbe und für Bücher die Wörter. Jürgen Martin, mein Kameramann, hatte vor »Céleste« keinen Spielfilm gemacht. Aber bei den vielen Dokumentarfilmen, die wir zusammen gedreht haben, gab es bei ihm durchgehend starke Schwankungen von Zufriedenheit und Unbehagen. Ich glaubte damals, das hinge mit der Jagd zusammen und wie erfolgreich sie jeweils gewesen war. Denn Dokumentarfilmen ist geduldiges Jagen, und den Erfolg kann man nicht immer beeinflussen. Heute weiß ich aber, daß diese Schwankungen nur damit zu tun hatten, daß Jürgen an nichts anderes dachte, als das Licht beeinflussen und gestalten zu können, wie es die jeweilige Szene verlangt. Seitdem wir zusammen Spielfilme machen, streiten wir uns auch noch, aber seltener, der Arbeitstag ist länger und schwerer, aber bei Jürgen überwiegt seine Zufriedenheit. Wir verbrauchen unsere Kraft nie mit Machtkämpfen. Kompetenzprobleme gibt es nicht. Wir haben ein gemeinsames Sehen entwickelt, es funkt sofort, wenn alles stimmt. Jürgen spürt, wenn ein Schauspieler gut ist oder nur fast. Nur als Pensum etwas abwickeln ist uns beiden unmöglich. Beide finden wir Lebensgenuß in der gemeinsamen Arbeit.

Die Dohlen fliegen so nah über mir, daß ich ihre Schwingen rauschen höre.

Ich habe für diesen Film neunundfünfzig Drehtage. Das ist viel. Besser wäre es, das Drehbuch wäre ein Drittel kürzer bei derselben Anzahl von Arbeitstagen. Dann könnte noch mehr das entstehen, was ich mehr und mehr unter Film verstehe.

Unvermittelt taucht der großartige Schädel von Anja Buczkowski vor mir auf. Alle ihre Vorfahren sind Polen. Sie ist die Baronin James. Wir haben für sie eine Frisur gefunden, einen roten, glatten Bubikopf, den es damals noch nicht gegeben hat. Oder doch? Warum soll eine progressive Frau wie sie der Mode nicht dreißig Jahre voraus sein?
Um die Lautenschlags und die von Zwingers zu charakterisieren, hat Regine Bätz, die Kostümbildnerin, etwas entwickelt, das uns beiden immer mehr Spaß gemacht hat: sich nicht willkürlich, sondern organisch, wenn es nötig war, von den historischen Kostümen zu entfernen. So konnten wir für die Lautenschlag-Kinder einen Fantasiestil erfinden, der Identifikationsmöglichkeiten für junge Leute heute bietet und doch nichts mit den intellektuellen Verfremdungen zu tun hat, wie Theaterleute sie entwickeln dürfen; was im Film aber böse Folgen hätte, denn der Film verlangt eine Sättigung an Realität, sonst fühlt man sich betrogen. Die von Zwingers dagegen wurden ganz angepaßt konservativ bis reaktionär gekleidet.

Der Weg hinunter führt sacht um den Berg herum. Es ist heller geworden. Es kommen Weiden, schöne Mulden, eine verfallene Almhütte streckt den First in die Luft. Dann ein Weg um einen baumlosen Kegel mit Ausblick in ein weites Tal mit üppigem, beidseitig ansteigenden hohen Mischwald. Eine Traumlinie, dieser Weg, für eine zweihundert Meter lange Schiene, höre ich Heimo sagen. Heimo und Jürgen arbeiten immer zusammen. Bei Dokumentationen ist Heimo der Tonmann, bei Spielfilmen Kamerabühne. Das heißt: Schienen bauen und den Wagen mit Kamera und Kameramann drauf gefühlvoll auf den Zentimeter in die gewünschten Positionen schieben. Am liebsten mit Musik. Denn Heimo hat Musik studiert, Kontrabaß. Wir mochten uns gleich. Heimo kennt die ganze Partitur eines Films und nicht nur seine Stimme. Er hat mich mit Jürgen zusammengebracht.

Vor mir geht jetzt ein Mann, dessen eines Bein doppelt so dick ist wie das andere, die Strümpfe sind über seine Waden gerutscht. Der Pfad ist schmal. Der Mann tut, als spüre er mich nicht. Wie ich ihn dann überhole und grüße, starrt mich nur eine einzige verbissene Falte an.
Isi ter Jung hätte die Falte angesprochen und versucht zu engagieren. Die Typen, die sie uns für die Verwandlungsszenen im »Lämmersprung« oder für die Ausstellungseröffnung angeschleppt hat! Sie wirbt Bekannte an, holt Leute aus Cafés oder von der Straße, macht aus Gustl, dem Chef der Lichtfirma, einen öligen Kleinbürgerprotz.

Geißalm. Bergab auf federndem Boden. Leichtes Gehen »wie im Himmel«, höre ich Mathias krähen.
37 Tage lang neben der Kamera. Es gibt keine unwichtigen Szenen. Jeden Tag muß der Motor hochfahren, ob er will oder nicht. 59 Tage lang muß er das in vollem Tempo durchhalten. Es gibt, wie beim Gehen im Gebirge, tote Punkte, aber je länger eine Tour ist, desto mehr Ballast wirft man ab, desto sicherer wird der Tritt, der Blick, desto rascher die Entscheidungen.

Unten. Forellenweiher. Teppiche von Maiklee. Wege wie in einem Park. »Mann der Frühe. Mann der ersten Dämmerung, der jeden Morgen seine Seele neu gewinnt.« 1977, zum zehnten Todestag, drehte ich den Dokumentarfilm »Fräulein Annette Kolb – bayerisch-französischer Lebenslauf einer couragierten Dichterin«. Jürgen, Heimo und ich standen an einem Junitag um 4 Uhr früh auf dem Dach des Regina-Hotels und filmten den Sonnenaufgang. Ludwigs-Kirche, Theatiner, Frauentürme – schimmernde Rötung hinter dem langsam schwächer werdenden kühlen Blau. Dann hinunter zum Wittelsbacher-Brunnen und durch die Maximiliansanlagen. Eine Amsel zwischen weißen Stühlchen. Jürgen dreht im Gehen. Die leere Ludwigsstraße. Es ist ein Sonntag. Im Hofgarten wird es schon fast zu hell. Es ist ein Spaziergang des Herrn Lautenschlag. Die Keimzelle für den »Schaukel«-Spielfilm.

Im darauffolgenden Herbst schrieb ich mein erstes Drehbuch. Eigentlich wollte ich über Robert Walser eine Dokumentation machen. Doch die Gewaltmärsche des Schriftstellers, der in Herisau in der Anstalt war, und des Kritikers Carl Seelig ließen mich nicht mehr los. Ein Film über das Gehen im Schnee. Dazu brauchte ich Darsteller und geschriebenen Text. Ich glaubte nicht an die Künstlichkeit des Spielfilms, nicht an das Herstellen von Gefühlen.

Ich wollte damals nur Spontanes filmen.

Da fand ich in meinem Sprecherkollegen im Funk, Rolf Illig, einen Walser-Darsteller, der alle meine Vorurteile von Schauspielerei widerlegte. Er war Rolf Illig und war Robert Walser. Er verstellte sich nicht, er öffnete sich. Aber nicht schamlos, sondern scheu, spröd und unglaublich authentisch.

Damals fing ich an, über die Schaukel nachzudenken und sah Rolf als Herrn Lautenschlag durch mein frühmorgendliches München gehen.

Anhang

Filmographie Percy Adlon

geboren am 1. Juni 1935 in München
aufgewachsen in Ammerland/Starnbergersee
1948 bis 1953 Landheim Stein/Traun
1954 Abitur in Garmisch-Partenkirchen

ab 1954	Studium Germanistik, Theaterwissenschaft, Kunstgeschichte; Studiobühne der Universität München
ab 1958	Schauspieler
ab 1961	Bearbeiter und Sprecher literarischer Sendereihen im Hörfunk
ab 1967	Originaltonhörbilder
ab 1970	Dokumentarfilme (Fernsehen), u. a.: Sendereihe »Mein Dorf« (24 × ca. 15′) (Dokumentarfilme über die Lebensbedingungen einzelner Menschen in bayerischen Dörfern) »Tomi Ungerers Landleben« (60′ Dokumentation) »Porträts deutscher Auswanderer« (5 × 45′ Dokumentationen) »Mann und Frau im Gehäuse« – über Gisela und Alfred Andersch (45′ Dok.) »Der Vogel und der Jäger« – über Samy Molcho (60′ Dok.) »Jean Paul« – Phantasiestück über den Pantomimen ein fränkisches Genie (45′ Dok.) »Der Tänzer Heinz Bosl« (45′ Dok.) »Flora Innsbruck Hungerburg« (45′ Dok.) »Fräulein Annette Kolb« – bayerisch-französischer Lebenslauf einer couragierten Dichterin (45′ Dok.) »Taxifahrer« (45′ Dok.) »Witwen« – Bemerkungen zu einem verdrängten Problem (45′ Dok.) »Der echte Liliom« – aus dem Leben eines Schaustellergehilfen (45′ Dok.)

1978 Gründung einer eigenen Produktionsfirma:
pelemele FILM GmbH mit Eleonore Adlon
(»unsere Kinder Saskia und Felix nennen uns Pele und Mele«)
im selben Jahr:
erster Film nach einem Drehbuch und mit Schauspielern:
»Der Vormund und sein Dichter« – Dokumentarspiel über Robert Walser (90′) – Grimmepreis mit Gold

1979 »Unterhaltung am Koffer« – Karajans Orchesterwart (60′ Dok.)
»Wir sind Babylon« – Tomi Ungerers Ansichten über unsere Gesellschaft (45′ Dok.)
»Nebenbei hauptsächlich Rösser« – über den Bildhauer Fritz Koenig (45′ Dok.)
»Ich weiß nicht, wer ich bin« – Dokumentation über Findelkinder (45′)
»Herr Kischott« – Fernsehspiel aus Niederbayern (90′)

1980 »Im Haus des Affenmalers Gabriel Max« (45′ Dok.)

1981 erster Kinofilm:
»Céleste« (107′) – über Prousts Haushälterin
wurde auf 17 internationalen Festivals gezeigt und erhielt 7 Auszeichnungen

1982 zweiter Kinofilm:
»Fünf letzte Tage« (112′) – über Sophie Scholls Zeit im Gestapo-Gefängnis
Wettbewerbsbeitrag Venedig 1982, Internationaler katholischer Filmpreis (OCIC), Bayerischer Filmpreis für Regie 1982, Preis des Publikums und Preis der Jugend beim Rencontre international Film et Jeunesse in Cannes 1982
Bundesfilmpreise 1983 für Lena Stolze und Irm Hermann (Filmbänder in Gold) und für den Film (Filmband in Silber und DM 300000,–)
»Rafael Kubelik« – eine Begegnung (75′ Dok.)
»Fluchtwege eines friedliebenden Mannes« – Dokumentation über Leonhard Franks Flucht aus dem Emigrantenlager Audierne im Sommer 1940 (45′)
»Der Kellner« (45′ Dok.)

1983 dritter Kinofilm: »Die Schaukel«

Holger Gimpel, Thomas Lechner, Heimo Sahliger, Jürgen Martin, Rainer Pongratz, Percy Adlon, Gretl Zeilinger, Fanny Wessling (hintere Reihe von links nach rechts)

Der Regisseur mit Lena Stolze

... und mit Christine Kaufmann

Stabliste

Herstellungsleitung	Eleonore Adlon
Produktionsleitung	Dagmar Heyer
Produktionssekretärin	Isolde Weiss
1. Aufnahmeleitung	Berthold Sengle
2. Aufnahmeleitung	Peter Werhahn (Volontariat) Michael Cornelius
Produktionsfahrer	Joachim Saller/ Thomas Leppert
Regie	Percy Adlon
Regie-Assistenz	Fanny Wessling
Casting	Isolde ter Jung
Script	Gretl Zeilinger
Kamera	Jürgen Martin
1. Kamera-Assistenz	Thomas Lechner
2. Kamera-Assistenz	Rainer Pongratz
Trick	Theo Nischwitz/Hal Clay
Kamera-Bühne	Heimo Sahliger
Oberbeleuchter	Wolfram Kratz
Beleuchter	Manfred Raab/Eckard Knuth/ Andreas Willim
Standfotos	Hermann Schulz
Ton	Rainer Wiehr
Ton-Assistenz	Holger Gimpel
Ausstattung/Filmarchitektur	Heidi Lüdi
Ausstattungs-Assistenz + Außenrequisite	Renate Korn
Innenrequisite	Wolfgang Rux
Requisite-Volontariat	Sibylle Kirchheim
Bau-Bühne	Franz Bauer/Bernd Hirskorn

Kostüme	Regine Bätz
Kostüm-Assistenz	Ilse Brassers
Garderobe	Heinz Herbst
Schneiderei	Jürgen Zierdt
Maske	Paul Schmidt Evelyn Acktun
Schnitt	Clara Fabry
Schnitt-Assistenz	Margit Quabus
Musik (nach Motiven von Mozart, Chopin, Rossini, Boieldieu, Joh. Strauß und Volksmusik)	Peer Raben
Orchester	Kurt Graunke
Kapelle	Blaskapelle Deining
Redaktion	Benigna von Keyserlingk, BR
Pressebetreuung	Karl August Stanke
Geschäftsführung	Steuerkanzlei Florentz
Kopierwerk	Geyer, München
Rohfilm	Kodak AG
Kamera-Ausrüstung	Arri, München
Lichttechnik	Cinemobil GmbH
Tontechnik/Schneideraum	Filmtonservice Heiko Hinderks
Kostüme	Theaterkunst München + Berlin, Bermans & Nathans, London, Lambert Hofer, Wien
Technische Daten	Länge ca. 130', Farbe, Format 1:1,66
Herstellungsetat	3,3 Millionen DM
Drehzeit	59 Drehtage zwischen Februar und Juni 1983
Kinostart	Oktober 1983

Eine Produktion der pelemele FILM GmbH
mit ROXY-Film GmbH, Luggi Waldleitner
Projekt Film im Filmverlag der Autoren
dem BAYERISCHEN RUNDFUNK
und mit Fördermitteln aus dem Bayerischen Filmförderungsprogramm und der Filmförderungsanstalt (FFA)
Verleih + Weltvertrieb FILMVERLAG DER AUTOREN

Baugerüst für Glaspalast-Hintersetzer mit Sonnensegel

ANNETTE KOLB

Das Exemplar
Roman. Band 2298

Daphne Herbst
Roman. Band 2299

Die Schaukel
Roman. Band 5704

Wera Njedin
Erzählungen und Skizzen
Mit einem Porträt von Hermann Kesten
Band 5734

König Ludwig II. von Bayern
und Richard Wagner
Band 2527

Mozart
Biographie. Band 5736/*Dezember '83*

Schubert. Sein Leben
Biographie. Band 5736/*Januar '84*

Fischer Bibliothek

Inge Scholl
Die Weiße Rose

Abram Terz
(Andrej Sinjawskij)
Klein Zores

Leo N. Tolstoi
Der Tod des Iwan Iljitsch
Erzählung

Jakob Wassermann
Der Aufruhr um den Junker Ernst
Erzählung

Franz Werfel
Eine blaßblaue Frauenschrift

Thornton Wilder
Die Brücke von San Luis Rey
Roman
Die Frau aus Andros

Tennessee Williams
Mrs. Stone und ihr römischer Frühling

Virginia Woolf
Flush
Die Geschichte eines berühmten Hundes

Alice Herdan-Zuckmayer
Das Kästchen
Geheimnisse einer Jugend
Das Scheusal
Die Geschichte einer sonderbaren Erbschaft
Die Farm in den grünen Bergen
Das Landleben der Zuckmayers in der Emigration

Carl Zuckmayer
Die Fastnachtsbeichte

Stefan Zweig
Erstes Erlebnis
Vier Geschichten aus Kinderland
Legenden
Schachnovelle
Vierundzwanzig Stunden aus dem Leben einer Frau
Novelle

S. Fischer

3